HERMÈS

DIE PHILOSOPHIE

Die Autorin und der Verlag danken: Agostino Guerra, Rachel Koffsky und Talisa Mohammed von Christie's, Morgane Halimi, Alba Jang und Fei Yip von Sotheby's für ihre wertvolle Zusammenarbeit; den Professoren Jan Schoormans, Peter van der Bel und Beppe Vicenti für ihre Beiträge. Besonderer Dank gilt Vittoria Bianchi, Geschäftsführerin von Faraone Casa d'Aste, für ihre großzügige Unterstützung. Der Verlag dankt zudem Franco Jacassi - Vintage Delirium, Mailand

Konzept und Redaktion
VALERIA MANFERTO/CONSULTING D&D

Redaktionsassistenz
GIORGIO FERRERO

Grafik
PAOLA PIACCO

Inoffiziell und nicht autorisiert

Piazzale Luigi Cadorna, 6
20123 Mailand, Italien
www.whitestar.it

Deutsche Übersetzung und Satz: Anke Wellner-Kempf, Ilmmünster
Redaktion: Janette Schroeder, wort und art, Berlin

ISBN 978-88-540-6312-737-9
1 2 3 4 5 6 29 28 27 26 25

Gedruckt in China

MARA CAPPELLETTI

HERMÈS

DIE PHILOSOPHIE

whitestar

INHALT

BRIDES de
par
HERMÈS
PARIS

HERMÈS – NICHT MODISCH, ABER IMMER MODERN

„Manche Marken werden gekauft. Andere dagegen werden begehrt.“
Interbrand 2024

Sobald vom Unternehmenswert der Marke Hermès gesprochen wird, taucht der Begriff „zeitlos“ auf – als könne die Zeit ihren Luxusprodukten nichts anhaben, weil sie für „die Ewigkeit“ geschaffen wurden.

Für „die Ewigkeit“ ist in der Welt der Mode jedoch eigentlich nichts gedacht, heißt eine ihrer Konstanten doch Vergänglichkeit: Die Mode unterwirft das Werdende durch ihre zyklischen Kollektionen einem Rhythmus und bietet jenen, die ihr folgen, die Gewissheit, gegenwärtig, „modern“ zu sein. Über dieses Konzept der Modernität, dem die Mode verbunden ist, haben sich Philosophen wie Immanuel Kant, Soziologen wie Georg Simmel und Dichter wie Arthur Rimbaud geäußert, der in *Eine Zeit in der Hölle* forderte: „Man muss absolut modern sein.“ Auch der italienische Autor Giacomo Leopardi reflektierte in seinen Schriften gelegentlich über Themen, die ihm für sein Werk weniger wichtig schienen, wie etwa die Mode, und wies auf deren Vergänglichkeit hin. Aus Sicht dieser Denker ist Modernität durch eine immerwährende Spannung zwischen Tradition und Innovation, Stabilität und Wandel gekennzeichnet. Darüber hinaus verpflichtet das Moderne die von der Tradition befreiten Menschen zugleich zu ständiger Erneuerung. Und manchmal geht die Neuheit um der Neuheit willen sogar zu Lasten des guten Geschmacks.

Der Semiologe Roland Barthes liefert eine tiefgreifende Analyse der Mode als kulturelles Phänomen. Ihm zufolge handelt es sich bei der Mode nicht nur um Ästhetik oder persönliche Vorliebe, sondern um ein komplexes Zeichensystem, das soziale, kulturelle und psychologische Bedeutung kommuniziert. Mode ist jedoch nicht immer so revolutionär und frei, wie man denken könnte, warnt Barthes: Kleidung sei im wahrsten Sinne des Wortes ‚ein soziales Modell, ein mehr oder weniger standardisiertes Bild vorhersehbarer kollektiver Verhaltensweisen […]‘.

Hermès-Anzeige für den Komplettlook: Tasche, Seidentuch, Handschuhe und Steigbügel-Armband, Frankreich, 1956.

In der Mode manifestiert sich die Zeit durch den Rhythmus der Saisons: In kurzen Abständen werden immer neue Kollektionen präsentiert, um die Nachfrage künstlich zu befeuern. Barthes zufolge erzeugt dieser fortwährende Zyklus des Wandels eine Spannung zwischen Mode als individuellem Ausdruck und Mode als sozialem System, in dem der Druck, „in Mode zu sein", zu einer Form von Kontrolle wird.

Die Mode erfordert es, „das Alte zu töten" und traditionellen Stilelementen eine Absage zu erteilen, um immer neue Identitäten zu schaffen. In der Mode konstruiert sich Identität nicht durch traditionellen Stil. Im Gegenteil: Kleidung und Accessoires sind ein entscheidender Bestandteil der sich ständig erneuernden sozialen Konstruktion des Selbst. Aber um sich durchzusetzen, „schreit" Mode geradezu, während Stil „leise spricht". Und genau diesen stillen Luxus pflegt das Modehaus Hermès laut Véronique Nichanian, die seit über 20 Jahren Herrenbekleidung entwirft, wenn sie erklärt: „Ich mache Kleidung, keine Mode." Sie distanziert sich vom zwanghaften Zyklus der Innovation um jeden Preis und bekundet zugleich den Willen zu Erneuerung unter Wahrung einer präzisen Sprache.

Manche Dinge erobern sich einen dauerhaften Platz in der Gesellschaft und entziehen sich der Vergänglichkeit der Mode. Sie werden zu „Klassikern", also „zeitlos". Dazu zählen die Kreationen von Hermès, insbesondere die Taschen, die Seidentücher und der Schmuck, die Gegenstand dieses Buches sein sollen.

Angesichts der Tatsache, dass der Gesamtkatalog der Maison Hermès Zehntausende von Artikeln umfasst – darunter Sättel, Mobiliar und Wohnaccessoires, Leuchten, Strand- und Badezimmerzubehör, Schreibwaren, Porzellan und Parfüms –, war eine Fokussierung auf die ikonischen Kreationen unvermeidlich. Den riesigen, kaleidoskopartigen, farbenfrohen, fröhlichen Kosmos Hermès vollständig zu erfassen ist weder möglich noch das Ziel der vorliegenden Publikation. Ihre Absicht ist es vielmehr, die Werte der Marke Hermès und die Faszination ihrer Produkte, die heute Ikonen des Luxus sind, zu erkunden.

Viele Hermès-Accessoires, die unabhängig von den kurzen Zyklen und den Erneuerungszwängen der Mode auf den Markt kamen, bestanden den Test der Zeit und erlangten oft sogar den Rang von Kunstwerken. Selten spiegeln sie kurze Trends wider, vielmehr geben der Persönlichkeit jener Personen Ausdruck, die sie erwerben.

Sie sind Schmuck im Sinne des Soziologen Simmel. Ihm zufolge dient ein Schmuckstück dazu, die soziale Rolle einer Person, ihre Wirkung und ihre „Ausstrahlung" zu unterstreichen und „eine Synthese aus Haben und Sein der Subjekte" zu erzeugen. Zudem sprengt Schmuck (oder ein Accessoire) die Sphäre des bloß Notwendigen und gehört der Kategorie des „Überflüssigen" an: Überflüssiges, das mit dem sichtbaren Konsum oder Besitz Prestige und Ansehen verspricht. Dahinter steckt der „Veblen-Effekt", wonach ein Produkt Verbraucher umso stärker anzieht, je höher sein Preis ist, weil sein Besitz den eigenen Status steigert. Ein Effekt, den die Marketingstrategen von Hermès mit ihrer Preispolitik genial zu nutzen wissen.

Der ehemaliger CEO Patrick Thomas erklärte einst: „Die Luxusindustrie basiert auf einem Paradoxon: Je begehrter eine Marke, desto besser verkauft sie sich, doch je besser sie sich verkauft, desto weniger wird sie begehrt." Eine treffende Erklärung für die Exklusivitätsstrategie von Hermès. Schmuck, Seidentücher und Handtaschen des Unternehmens sind dazu bestimmt, von Generation zu Generation weitergegeben und somit individuelle Familientradition zu werden. So symbolisieren sie Kontinuität und schaffen emotionale Bindung. Produkte von Hermès wachsen über ihre Funktion als Konsumgüter hinaus und werden zu Objekten, die Individuen ihre Identität geben. Sie bieten eine Stabilität und Dauerhaftigkeit, die sie von der Mode unterscheidet. Sie fordern den Rhythmus schneller und repetitiver Produktion heraus, als schriebe Hermès in jedes verarbeitete Leder, in jede handgefertigte Naht, in jeden Schritt der Qualitätskontrolle einen Geheimcode ein, den einzigartigen, persönlichen Stil, der jedem Stück durch greifbare, jedoch unsichtbare Elemente Wiedererkennungswert verleiht.

Der Faktor Zeit kehrt bei Hermès als zentrales Element der Produktion wieder: Monate der Arbeit werden in die Qualität eines Produkts investiert und sorgen so dafür, dass es langfristig an Wert gewinnt statt zu verlieren.

Daher legt Hermès großen Wert auf die Handwerkskunst und die Qualität der Materialien. Die Auswahl des Leders, der Stoffe und anderer Materialien erfolgt mit äußerster Sorgfalt, jeder Produktionsschritt ist vom Streben nach Perfektion geprägt. Dieses Primat der Qualität zeigt sich in allen Produkten des Hauses, von den berühmten Taschen *Kelly* und *Birkin* über die Tücher bis hin zu den Prêt-à-porter-Kollektionen und Accessoires. Handwerkskunst ist für Hermès ein wesentliches Stilelement, das die Ästhetik und den inneren Wert jedes Stücks definiert.

Pierre-Alexis Dumas, künstlerischer Leiter der Marke, beschreibt es so: „Ich denke, dass die Produkte von Hermès begehrt sind, weil sie die Menschen mit ihrem innersten Wesen verbinden. [...] Unsere Kundin spürt die Präsenz der Person, die das Produkt gefertigt hat. Es spricht ihre Sensibilität an und bereitet ihr sinnliches Vergnügen."

Hinter der Qualität und der Einzigartigkeit steht das Bestreben von Hermès, exklusiv zu bleiben. Raffinesse ist wichtig für das Unternehmen, das sich im „Ultra-Premium-Luxussektor" positioniert, damit seine Produkte ihren Wert erhalten und echte Investitionsobjekte werden können.

Die Designelemente von Hermès, wichtige Unterscheidungsmerkmale, sind im Laufe eines ganzen Jahrhunderts entstanden. Sie schaffen eine visuelle Identität, die zugleich innovativ und in der Tradition verwurzelt ist. Das Unternehmen hat eine Markenidentität geschaffen, die ihre Grundwerte widerspiegelt und eine Brücke zu seinen Kunden zu schlagen vermag.

Demzufolge pflegt Hermès eine Philosophie, die auf Werte wie Tradition, Qualität und Raffinesse baut, die in die minimalistischen Kreationen des Hauses einfließen.

Reduktion zur Maximierung von Bedeutung und Emotionen ist eine Geste von großer Kraft und Modernität, die sich nicht ständig neu erfinden muss, sondern bekannte Codes klug und kompetent neu interpretiert. Auf der Basis von Archetypen entstehen Objekte, deren Form und Funktion von zeitloser Qualität sind.

So wird die Zeit, oder vielmehr die Eigenschaft der Zeitlosigkeit, wiederum zum Protagonisten in der Geschichte der Accessoires von Hermès und in der Philosophie der Marke: Sie definiert ihren immateriellen Wert.

DIE HISTORIE

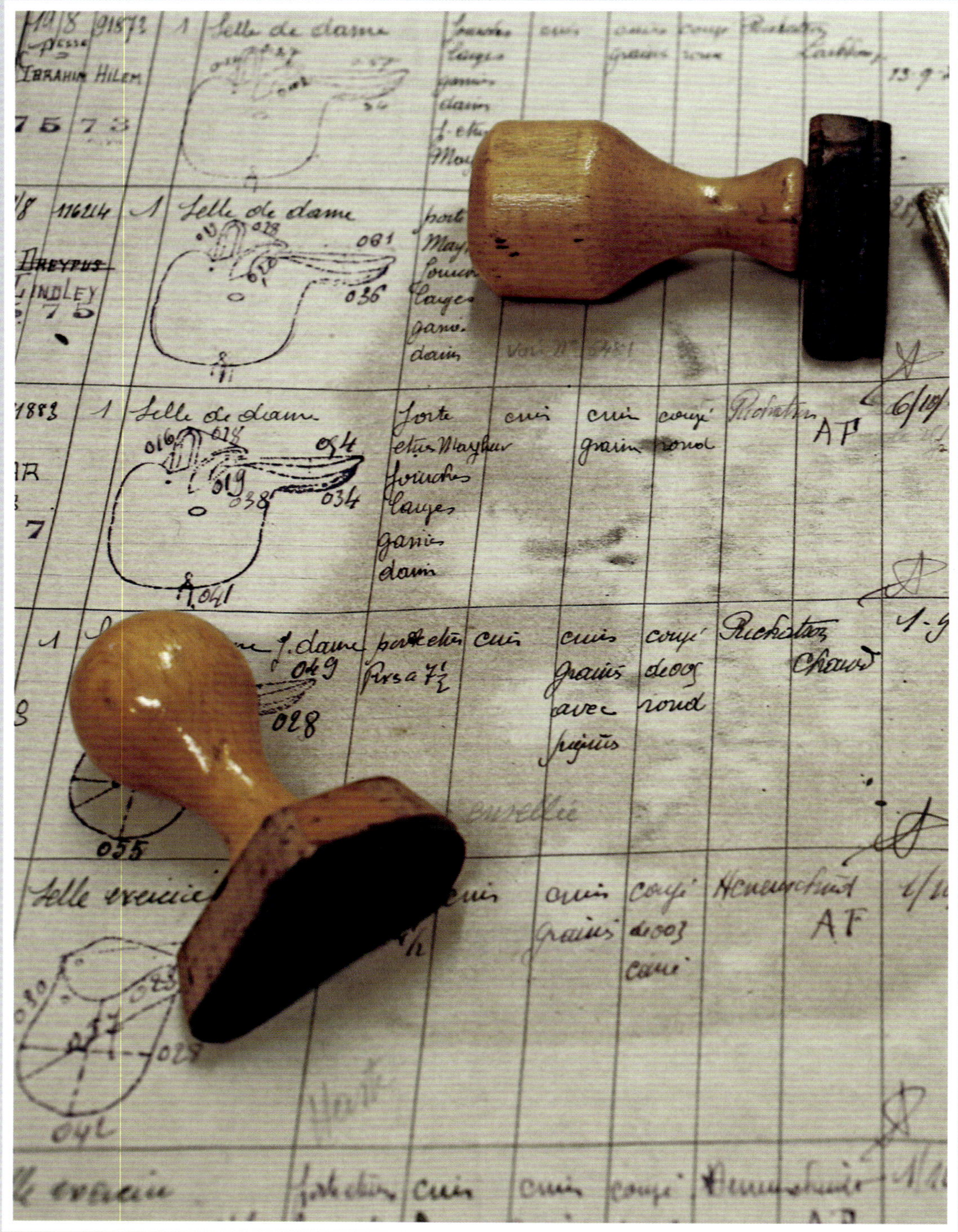

Auftragsbuch mit Notizen zu bestellten Sättel, die in den Hermès-Ateliers in Frankreich vollständig von Hand maßgefertigt werden.

HERMÈS: ERFOLG DURCH WERTE

Hermès ist nicht nur eine Luxusmarke: Das Haus ist in der Modebranche eine Institution, ein Symbol für Raffinesse und Eleganz, und das verdankt es seinem Gründer Thierry Hermès und dessen Nachfolgern.

In der Welt des Luxus ist Hermès eine Ikone. Der Markenberatung Interbrand zufolge belegte Hermès im Jahr 2024 unter den „Best Global Brands – Top 100“ mit einem Marktwert von 37,4 Milliarden US-Dollar Platz 22. Damit ist Hermès die zweitgrößte Luxusmarke der Welt hinter Louis Vuitton, das mit einem Wert von 50,9 Milliarden US-Dollar auf Platz 11 lag.[1]

Dieser Erfolg ist umso beeindruckender, als Hermès nicht wie seine Hauptkonkurrenten LVMH, Richemont und Kering über ein großes Markenportfolio verfügt. Sein Produktsortiment umfasst Lederwaren, Lifestyle-Accessoires und Möbel, aber auch Parfüms, Uhren, Schmuck und Konfektionskleidung, die alle unter dem Namen Hermès verkauft werden.[2]

Zielgruppe der Marke ist eine sehr kaufkräftige Kundschaft, die gerne in exklusive, mit viel Liebe zum Detail und hoher Qualität gefertigte Produkte investiert.

Die Produktpalette des Unternehmens wurde im Laufe der Zeit erweitert, stets jedoch unter Wahrung strikter Konsistenz in Bezug auf das Design, die Produkte und die Kommunikation. Das sicherte dem Unternehmen bis heute stetig wachsenden Erfolg. Die Geschichte einer der weltweit führenden Luxusmarken begann vor über einem Jahrhundert und ist untrennbar mit der Familie Hermès verbunden.

Wurzeln in Deutschland

Thierry Hermès, Unternehmensgründer von Hermès, ist eine Legende in der Welt des Luxus. Seine Vita ist von historischen Ereignissen geprägt, doch in Teilen unbekannt, wie das Leben vieler, die nicht in wohlhabende Familie hineingeboren wurden, aber Großes geschaffen haben.

Thierry kam im Januar 1801 in Krefeld im nördlichen Rheinland zur Welt. Die Stadt gehörte dem Rheinbund an, einem von Napoleon initiierten Staatenbund aus 16 deutschen Kleinstaaten.[3] Die Familie Hermès war französischer Herkunft. Vermutlich waren ihre Vorfahren protestantische Glaubensflüchtlinge, die im 17. Jahrhundert nach Deutschland gekommen waren.

Als jüngstes von sechs Kindern wuchs Thierry in einem einfachen, aber keineswegs armen Elternhaus auf, in dem Fleiß und Arbeit wichtige Tugenden waren. Die Kinder halfen in dem Gasthaus mit, das ihr Vater Dietrich 1780 in der Königstraße eröffnet hatte.[4] Krefeld war eine kleine, florierende Stadt, die vom Handel mit edlen Textilien lebte. Insbesondere die Seidenweberei der Familie von der Leyen hatte internationalen Ruhm erlangt und zog Kunden aus ganz Europa an. Dort muss Thierry exquisiten Stoff kennengelernt haben, der für seine Marke später eine so wichtige Rolle spielen sollte.

Im elterlichen Gasthaus übernachteten Gäste, die zu Pferde und mit Kutschen reisten. Wahrscheinlich gehörte es zu den Aufgaben des jungen Thierry, die Gäste zu empfangen und ihre Pferde zu versorgen, wodurch er mit einer Welt in Kontakt kam, die seine Zukunft beeinflussen sollte. Den Unternehmergeist scheint er von seinem Vater geerbt zu haben, der es vom Förstersohn zum erfolgreichen Geschäftsmann gebracht hatte.[5]

Wenig ist darüber bekannt, wie Thierry Hermès die Jahre ab 1816 verbrachte. Erst für 1821 ist seine Anwesenheit in Paris dokumentiert. Da seine Eltern und Brüder keine Erwähnung mehr finden, ist anzunehmen, dass er verwaist und auf sich allein gestellt war. Bei seiner Ankunft in der französischen Hauptstadt war der junge Thierry Hermès sicherlich bestrebt, sich eine Existenz aufzubauen, angetrieben von der protestantischen Arbeitsethik, nach der er erzogen worden war.

Trotz der restriktiven Politik, die die Bourbonen nach dem Sturz Napoleon I. und der Wirtschaftskrise der 1820er und 1830er Jahre verordnet hatten, erlebten Prunk und Pracht in Frankreich und besonders in Paris während des Zweiten Kaiserreichs, 1852 von Napoleon III. gegründet, bald eine neue Blüte.[6] Die Stadt bot allen mit Talent und Durchsetzungsvermögen einzigartige Möglichkeiten.

Die Aristokratie und die Oberschicht liebten das Reiten, eine Freizeitbeschäftigung, die eine umfangreiche Ausrüstung erfordert. Für eben diese Kundschaft gründete Thierry Hermès sein Geschäft. Während er anfangs vermutlich als Kutscher und Pferdepfleger arbeitete, eröffnete er 1837 eine Werkstatt für Pferdegeschirr und Zaumzeug in der Rue Basse-du-Rempart nicht weit von La Madeleine. Die Wahl des Standorts war kein Zufall: Erst kurz zuvor hatte der republikanische Verschwörer Giuseppe Fieschi in diesem Viertel ein Attentat auf König Louis-Philippe verübt, 18 Menschen starben. In der Folge fielen die Immobilienpreise, und Thierry Hermès konnte ein bezahlbares Ladenlokal mieten. Er spezialisierte sich auf die Fertigung von hochwertigen Sätteln, Zaumzeug und anderes Reitsportzubehör. Seine Arbeit zeichnete sich schon damals durch Liebe zum Detail, ausgesuchte Materialien und technische Innovationen aus.

Atelier für feine Lederwaren

Zu dieser Zeit war die Nachfrage nach Sätteln und Zaumzeug groß und wuchs stetig an. Pferde dienten bereits damals nicht mehr allein der Fortbewegung, sondern waren auch Statussymbol und Freizeitbeschäftigung der Oberschicht. Zu Beginn des 19. Jahrhunderts gehörte es beim französischen Adel zum guten Ton, sich für alle Aspekte des Reitsports zu begeistern. Reiten galt als edle und hohe Kunst, die junge Adlige im Rahmen ihrer Erziehung erlernten.

Die im 17. Jahrhundert in Versailles gegründete Reitakademie diente fast das gesamte 19. Jahrhundert hindurch als Reitschule, in der Beamte und Unteroffiziere lernten, ein Pferd zu beherrschen – Symbol für Eleganz und Disziplin. Ein fähiger Reiter konnte eine Reihe von Tugenden wie Selbstbeherrschung, Geschick, Anmut und Mut demonstrieren.

Der Adel kultivierte seine Begeisterung für Pferde auch mit Pferderennen, die sich in den 1820er und 1830er Jahren großer Beliebtheit erfreuten. Französische Adlige begannen, Rassen

Prix du Jockey Club in Chantilly, Druck von John Frederick Herring Senior, Frankreich, 1841

wie das Englische Vollblut zu importieren, die bald zu den Stars der Rennställe avancierten. Die ersten offiziellen Rennen fanden in Chantilly statt, und der 1836 ins Leben gerufene *Prix du Jockey Club* entwickelte sich zu einem der prestigeträchtigsten Sportereignisse der damaligen Zeit.

Luxuriöse Ställe und Kutschen waren Ausdrucksformen wirtschaftlicher Macht und aristokratischer Distinktion, und die Begeisterung für Pferde sowie die Raffinesse ihrer Besitzer spiegelte sich in ihrer eleganten Kleidung, perfekten Sätteln und edlem Zaumzeugen wider.

Thierry Hermès stellte nicht nur Qualitätswaren her, sondern bot seinen Kunden auch tadellosen Service. Sein Ruf war bald exzellent, und sein Kundenkreis wurde immer exklusiver. Seine hochwertige Arbeit trug dem aufstrebenden Sattler auf der Pariser Weltausstellung 1855 einen Preis ein. Auf dieser internationalen Messe präsentierten Handwerker und Unternehmer ihre technischen, handwerklichen und künstlerischen Innovationen. Diese Auszeichnung war die erste in einer langen Reihe, die das Pariser Unternehmen noch erhalten sollte.

Innovation und Diversifizierung

Thierry Hermès starb 1878. Nachfolger im Unternehmen wurde sein Sohn Charles-Émile, der sich zwar weiterhin auf Reitausstattung konzentrierte, die Produktpalette aber allmählich um Koffer, Taschen und Accessoires aus Leder erweiterte. Mit diesem Schritt begann sich Hermès von einer Sattlerei in ein Unternehmen zu wandeln, das eine große Bandbreite unterschiedlichster Lederwaren verkaufte.

Gegen Ende des 19. Jahrhunderts erlebte Paris einen städtebaulichen, industriellen und kulturellen Umbruch. In den Bereichen Mode, Schmuck, Kunst und Gastronomie wurde Paris zum Inbegriff von Modernität und Exzellenz.

Zwischen 1853 und 1870 wurde die französische Hauptstadt unter Federführung des Stadtplaners Baron Georges-Eugène Haussmann radikal umgestaltet. Paris sollte moderner, sauberer und zugänglicher werden. Die berühmten großen Boulevards, monumentalen Plätze, neuen Parks und eleganten Gebäude verherrlichten Reichtum und Luxus und boten dem gesellschaftlichen Leben der Oberschicht eine Bühne. Dieses neue Paris fand international Beachtung und wurde nicht nur ein kulturelles und künstlerisches Zentrum, sondern ganz nebenbei auch ein natürliches Habitat der Luxusindustrie.

Als Begründer der Pariser Haute Couture gilt der englische Modeschöpfer Charles Frederick Worth, der 1858 sein Atelier in Paris eröffnete. Er definierte die Beziehung zwischen dem Modeschöpfer und seiner Kundschaft für alle Zeit neu. Viele Couturiers folgten Worth und machten Paris zu einem Zentrum für Kreativität und Innovation in der Mode. Zu ihnen zählten Anfang des 20. Jahrhunderts Jacques Doucet, Paul Poiret und Jeanne Lanvin, die völlig neue Stile und Techniken einführten und Paris zur Keimzelle modischer Trends machten. Modehäuser wurden zu exklusiven Luxustempeln, die nicht nur die französische Aristokratie und Oberschicht anlockten.

Neben den besten Modemachern und -designern wurden die Juweliere an der Place Vendôme und in der Rue de la Paix – von Boucheron über Cartier bis Chaumet – zum Inbegriff für Luxus und allerfeinste Handwerkskunst. Die französischen Juwelen waren wegen ihre Raffinesse und Exklusivität bald auch in Kaiser- und Königshäusern und beim reichen Bürgertum beliebt.

Abschlusszeremonie anlässlich der Weltausstellung von Paris 1855 mit feierlicher Preisverleihung an herausragende Aussteller im Palais de l'Industrie. Lithografie, Frankreich, 19. Jahrhundert.

8me ARR
RUE ROYALE
THES
CHOCOLAT
FERNIQUE SC

Um sich in dieser luxuriösen Welt einen Platz zu erobern, verlegte Charles-Émile Hermès sein Modehaus im Jahr 1880 in die Rue du Faubourg Saint-Honoré 24. Dieser neue Standort in einem der elegantesten Viertel von Paris machte die Marke für die exklusive Kundenschaft noch sichtbarer und leichter zu erreichen.

Um sich von dem Angebot der zunehmenden Konkurrenz abzuheben, konzentrierte sich Hermès auf hochwertiges Leder als Alleinstellungsmerkmal. Das Unternehmen verwendete nur feinste, nach traditionellen Methoden gegerbte Häute und konnte so eine außergewöhnliche Haltbarkeit und unvergleichliche Ästhetik garantieren. Diese strenge Materialauswahl wurde zu einem der Grundpfeiler der Marke.

In jener von industriellem Aufschwung und kreativen Innovationen gekennzeichneten Epoche fand Charles-Émile Hermès in seinen beiden Söhnen Adolphe und Émile-Maurice kompetente Unterstützer. Der Zweitgeborene, ein leidenschaftlicher Weltenbummler und Ästhet, entwarf die Tasche *Haut à Courroies*. Inspiriert dazu hatten ihn die Behältnisse, mit denen argentinische Gauchos ihre Arbeitsutensilien transportierten. Die ersten Exemplare von 1897 zeichneten sich durch großen Stauraum, Stabilität, verstellbare Riemen und robuste Griffe aus. In der Tasche war genug Platz für Zaumzeug, Gerte und Striegel – womit die Marke wieder bei ihren Wurzeln angekommen war. Noch heute ist dieses Modell, das inzwischen den Namen *HAC* trägt, eine Ikone des edlen Designs und ein prestigeträchtiges Accessoire. In den 1960er Jahren wurde das Modell zur ikonischen *Kelly* Bag weiterentwickelt.

Kupferstich des Gebäudes in der Rue du Faubourg Saint-Honoré, das das Unternehmen Hermès im Jahr 1880 bezog. Illustration für *La Semaine des Constructeurs*, 8. Jahrgang. Frankreich, 1883/84.

Émile-Maurice Hermès: Mit dem Instinkt des Flaneurs schuf er die fantastische „Welt der Wunder“, heute im Museum der Firma, und mit seinem Gespür für die Moderne verwandelte er Hermès in ein Luxusunternehmen.

Der Instinkt des Flaneurs

Émile-Maurice war ein begeisterter Sammler, der von seinen Reisen aus aller Welt zahlreiche Objekte mitbrachte: neben Kunstwerken, Möbeln und alten Büchern natürlich vieles, was mit dem Pferdesport zu tun hatte, immerhin lag das in der Tradition des Hauses. Doch war seine Sammelleidenschaft weit mehr als ein persönliches Hobby: Sie sollte die Ästhetik und Identität der Maison Hermès tiefgreifend beeinflussen. Seine Privatsammlung, die heute im Pariser Stammhaus von Hermès zu bewundern ist, wurde zu einer Inspirationsquelle für viele Kreationen des Unternehmens.

In der Familie galt Émile-Maurice als Flaneur, ein Begriff, der auf Charles Baudelaire zurückgeht und eine Person beschreibt, die gemächlich die Gegend erkundend sich treiben lässt, durch die Straßen schlendert und auf diese Weise ihr kreatives Potenzial entfaltet.

Émile-Maurice war der erste in der Familie Hermès, der reiste, um neue Kulturen zu entdecken und, wie bei vielen Luxusmodehäusern üblich, um Kunden zu gewinnen, indem er Beziehungen zu Königshäusern, europäischem Adel und der amerikanischen Oberschicht knüpfte.

Angesichts der anspruchsvollen Kundschaft, die stets auf der Suche nach Exklusivem war, plädierte Émile-Maurice dafür, das Angebot des Hauses Hermès zu vergrößern. Und so expandierte Hermès weiter. Als guter Beobachter erkannte er, dass die Welt sich im Wandel befand und die eleganten Pferde, denen das Unternehmen seinen Erfolg verdankte, bald durch ratternde Automobile ersetzt werden würden. Anfang des 20. Jahrhunderts tauchten die ersten Limousinen auf den Pariser Straßen auf, am Steuer die wenigen Glücklichen, die sich ein solches Fahrzeug leisten konnten. Damals fanden auch die ersten Autorennen statt, die ein großes Publikum fanden. Der Hermès-Katalog wurde um Decken für die Passagiere der offenen Automobile, Lederkoffer, Reisetaschen, Handschuhe, Lederaccessoires und Picknickkörbe erweitert, um anspruchsvolle Neukunden anzulocken. Damit wurde ein weitere Produktlinie in die DNA von Hermès eingeschrieben.

Der Traum von einem sorglosen Leben in Wohlstand fand 1914 mit dem Ersten Weltkrieg ein jähes Ende. Émile-Maurice wurde nach Übersee geschickt, um Leder für die Sättel der französischen Kavallerie einzukaufen. In Kanada entdeckte sein wacher Blick am Cabrioverdeck eines Automobils einen neuartigen Verschlussmechanismus: einen Reißverschluss. Er erkannte dessen Potenzial für Taschen und Jacken, setzte sich mit dem Patentinhaber in Verbindung und erwarb die Lizenz für Frankreich. 1918 kam der Reißverschluss erstmals bei einem Hermès-Produkt zum Einsatz: bei der ledernen Golfjacke des künftigen britischen Königs Edward VIII., Prince of Wales – einer Stilikone seiner Zeit. Die Jacke wurde ein Sensationserfolg und führte zu einem weiteren Wendepunkt in der Markengeschichte. Jetzt ging die Expansion in Richtung Oberbekleidung weiter. 1919 wurde Émile-Maurice Leiter des Modehauses.[7]

In den goldenen Zwanziger Jahren weht ein frischer Wind in Europas Metropolen und darüber hinaus. Alte, traditionelle Bekleidungs- und Modesitten wurden über Bord geworfen. Reisen auf modernen Ozeandampfern weckten Fantasien von einem Leben zwischen Tanz und Cocktails. Die Mode spiegelte diesen Geist wider, insbesondere die der Frauen, die Korsagen gegen kurze, taillenlose Kleider eintauschten, wie das Kleine Schwarze von Coco Chanel. Für die Herren kamen dreiteilige Anzüge in Mode. Die junge Männer und Frauen der besseren Kreise verfügten über Freizeit und begeisterten sich neuerdings für Outdoor-Aktivitäten wie Golfspielen, Tennis, Kajak fahren, Segeln und Autorennen. Diese sportliche Lebensweise beeinflusste ihren Kleidungsstil ebenfalls.

Als begabter Innovator, der den Zeitgeist erneut richtig deutete, erkannte Émile-Maurice die neue Rolle der Frau in der Gesellschaft und die Möglichkeiten, die sich daraus ergaben. Er entwickelte neue Produktlinien speziell für sie – ein Markt, der von Dauer war und für das Modehaus von zentraler Bedeutung werden sollte. Anzeigen aus dieser Zeit zeigen, dass Hermès zu einer Marke mit einer breiten Produktpalette geworden war.[8] Zu Sätteln und Jagdzubehör waren große Sporttaschen, Reise- und Kosmetikkoffer, Zigarettenetuis, Golf- und Damenhandtaschen hinzugekommen.

Die Taschen und Koffer von Hermès als standesgemäße Begleiter einer Frau, die auf dem Passagierdampfer *La France* den Atlantik überquert. Werbegrafik von Léon Bénigni, Frankreich, 1927.

HERMÈS
sellier
24, fg. Saint-Honoré, Paris
Biarritz, Cannes
Chantilly
Pau, Saint-Cyr
Saumur
Londres : Paris-Trades Ltd
New York : Dobbs and C°
EMH
DFAEGER

Werbeanzeige für Sport- und Reisetaschen mit *Fermeture Éclair* (Reißverschluss), den Émile-Maurice Hermès entdeckt und für die Produkte des Hauses adaptiert hat. Entwurf von Etienne Petitjean, Frankreich, 1926.

Im Jahr 1923 ging aus der Zusammenarbeit von Ettore Bugatti und Hermès die Tasche *Bugatti* hervor, eine Hommage an die Fahrer der gleichnamigen Autos. Später bekam die Tasche in Anspielung auf die Leidenschaft für Rennwagen den Namen *Bolide*. Seit über einem Jahrhundert ist das Model im Katalog der Marke. Diese erste Tasche mit Reißverschluss war für die Autoreise konzipiert. Sie vereinte Funktionalität, Luxus und ein schlichtes, praktisches Design, das dem modernen Lebensstil der damaligen Zeit entsprach.

Eine weitere Hermès-Tasche, die noch heute im Sortiment ist, ist die *Sac à Dépêches* von 1930. Mit dieser Aktentasche lassen sich Unterlagen und persönliche Dinge elegant und sicher transportieren. Sie zeichnet sich durch einen stabile, klare Struktur und eine Metallschließe aus. Mit ihrer schlichten, auf das Wesentliche reduzierten Form brachte sie Raffinesse in die Arbeitswelt.

Auch für Frauen produzierte man Taschen, von lässigen Modellen zum Umhängen bis hin zu formelleren Varianten wie der Pochette, dazu gedacht, Damen rund um die Uhr zu verschiedenen Anlässen zu begleiten. Unter den innovativen Taschen stach das Modell *365* hervor, dessen Name Konzept war: Geeignet für jeden Tag des Jahres, ließ sie sich dank ihrer Faltkonstruktion bei Bedarf größer oder kleiner machen, womit sie Zweckmäßigkeit mit Luxus vereint.

In dieser Zeit des Wandels begann Hermès außerdem mit der Produktion von Oberbekleidung, 1925 zunächst mit Herrenoberbekleidung, 1929 kam Haute Couture für Damen hinzu.

Im Nachhinein mag es als Wagnis erscheinen, dass Hermès im Jahr des Börsencrashs und globaler Rezession sein Modedebüt gab. Doch das Pariser Modehaus, das in einem völlig anderen Markt begonnen hatte, traf in den 1930er Jahren mit seiner Damenmode den Nerv der Zeit. Lola Prusac, Designerin der neuen Kollektionen, hatte großen Anteil an der Entwicklung der innovativen, unverwechselbaren Hermès-Ästhetik. Die gebürtige Polin führte kühne geometrische Motive und leuchtende Farben ein, die von der modernen Kunst, insbesondere der De-Stijl-Bewegung, inspiriert waren. Sie vereinte die Handwerkskunst von Hermès mit der künstlerischen Avantgarde. Ihre abstrakt gemusterten Taschen und Schals wurden emblematisch, waren der Zeit weit voraus und versahen Luxus mit einem Hauch Kühnheit. Die Damenkollektion umfasste zudem Outfits, die sich in den neuen Sportwagen gut machten.

Accessoires blieben für das Modehaus von zentraler Bedeutung, und einige Objekte, die heute Klassiker sind, stammen aus dieser Zeit.

1927 wünschte sich Marie Callot Gerber (eine der Callot-Schwestern und Modeschöpferinnen) einen Gürtel für ihre Kollektion und bat Hermès um einen Entwurf, der sich an seinen eleganten Hundehalsbänder mit quadratischen Nieten und einem Ring für die Leine orientieren sollte. Der Gürtel *Collier de Chien* war geboren. Später entwickelte das Modehaus unzählige Varianten davon, etwa als Choker und Armbänder, die neben dem Gürtel bis heute Teil des Sortiments sind.

Im selben Jahr brachte Hermès erstmals Silberschmuck heraus. Die Kollektion wurde mit dem Armband *Filet de Selle* aus Silber und Leder eingeführt, dessen Machart Sattlerwaren entlehnt war. Ein weiteres Schmuckstück, das ein Markenzeichen werden sollte, entstand 1938 nach einer Idee von Robert Dumas, der als Assistent seines Schwiegervaters Émile-Maurice in das Unternehmen einstieg: das von ankernden Booten inspirierte Armband *Chaîne d'Ancre* – seine ovalen Kettenglieder erinnern an Ankerketten.

Neue Perspektiven

Émile-Maurice Hermès hatte vier Töchter. Keine von ihnen wurde für das Familienunternehmen tätig. Nur drei seiner Töchter erreichten das Erwachsenenalter und heirateten. So kam es, dass ihre Ehemänner ab den 1930er Jahren in die Firma eintraten: zuerst Robert Dumas, Gatte von Jacqueline, dann Francis Puech, Ehemann von Yvonne, und schließlich der Gatte der dritten Schwester Aline, Jean-René Guerrand.

Oben – Werbung für Accessoires: für den Herrn die Uhr *Multifort*, den Schlüsselanhänger *St. Christophe*, die Zigarettenschachtel *Guess*; für die Dame das Seidentuch *Jeu des Dames Blanches*, die Armbanduhr *Frontail* und die Tasche *Pan*. Frankreich, 1936.

Als kreativer Kopf kümmerte sich Dumas um die künstlerische Ausrichtung der Marke. Puech und Guerrand führten gemeinsam die Geschäfte und brachten ihr strategisches Talent ein. Insbesondere Guerrand war für seine Disziplin und seine Liebe zum Detail bekannt. So konnte die Maison Hermès gleichbleibende Qualität sicherstellen – und neue globale Märkte erobern.

Gemeinsam verwandelten die Schwiegersöhne das Familienunternehmen Hermès in eine globale Luxusmarke, ohne dabei die Traditionen der Handwerkskunst und der Exzellenz aufzugeben.

Neben dem Armband *Chaîne d'Ancre* designte Dumas eine weitere Stilikone. 1935 entwarf er die *Sac de Dames à Courroies*, eine Weiterentwicklung der *Haut à Courroies* von vor der Jahrhundertwende, die besser an die weibliche Anatomie angepasst war. Eine einzige Fotografie aus dem Jahr 1956, auf der die schwangere Fürstin Gracia Patricia ihren Babybauch hinter dieser Tasche verbarg, machte sie berühmt. Zu Ehren des ehemaligen Hollywood-Stars wurde das Modell später *Kelly* getauft.

In den 1930er Jahren entstand auch das erste Seidentuch, das *Jeu des Omnibus et Dames Blanches*. Es kam 1937 anlässlich des 100-jährigen Jubiläums des Modehauses heraus. Sein Muster war von einem französischen Brettspiel inspiriert, das Ende des 19. Jahrhunderts sehr beliebt war. Dieses Accessoire, von Hermès *Carré* genannt, bewirkte eine Renaissance des Seidentuchs, da Frauen das Tuch insbesondere beim Autofahren bequemer fanden als einen Hut.

Rechts – Gracia Patricia mit der Handtasche von Hermès, die damals noch *Sac de Dames à Courroies* hieß. Das Foto von 1956 ging um die Welt. Die Tasche wurde zu Ehren der Fürstin, ehemals Grace Kelly, im Jahr 1977 *Kelly* genannt.

In den 1930er Jahren wurde Hermès nicht nur in Europa, sondern auch in den USA zu einer begehrten Marke. Das Unternehmen begann, seine Kollektionen in großem Stil zu exportieren, und schloss Verträge mit Kaufhäusern wie Neiman Marcus in New York.

Doch mit Ausbruch des Zweiten Weltkriegs kamen die Geschäfte französischer Modehäuser wie Hermès zum Erliegen, obgleich die Pariser Boutique auch in Kriegszeiten geöffnet blieb.[9]

Mit dem Kriegsende kehrte man bei Hermès motiviert und voller Ideen an die Zeichenbretter zurück und entwarf Lederwaren, Oberbekleidung, Accessoires und Schmuck. Nach den Jahren der Entbehrung war die Lust auf Luxus bei jenen, die ihn sich leisten konnten, ungebrochen.

Zur gleichen Zeit wandten sich die drei Schwäger in der Firmenleitung nach dem großartigen Erfolg der *Carrés* erneut an die berühmten Seidenmanufakturen in Lyon mit dem Vorhaben, das Herrenaccessoire *par excellence* herauszubringen: die Krawatte. Die ersten Hermès-Krawatten kamen 1949 auf den Markt. Die Initiative dazu war von dem damaligen Geschäftsführer der Hermès-Boutique in Cannes, dem Engländer Bobby Breward gekommen. Um als Mann Einlass ins Casino von Cannes zu erhalten, war eine Krawatte obligatorisch. Viele Touristen suchten daher die nahe gelegene Hermès-Niederlassung auf, um dieser Vorschrift Genüge zu tun. Daraufhin nahm Hermès auch Krawatten ins Repertoire auf. Die ersten Designs thematisierten den Reitsport, dann folgten aufwendige, originelle Motive aus der Welt der Nautik, der Fauna und der Flora sowie geometrische Muster. Die Krawatten verkauften sich zu Tausenden und wurden schnell zum Must-have des Mannes von Welt, was das Prestige der Marke auf dem Sektor der Herrenoberbekleidung weiter steigerte.

Das Thema Reisen bestimmte auch dieses vor einem Schlafwagen aufgenommene Werbefoto: Der elegante Komplettlook der Dame von Welt umfasste Reisekoffer, Handschuhe, Seidentuch, Handtasche, Kostüm und Mantel von Hermès. Frankreich, 1952.

HERMÈS
PARIS
ING - CA
145
BAGAGES HERMÈS - SAC HERMÈS - GANTS HERMÈS - TAILLEUR ET MANTEAU HERMÈS - CARRÉ HERMÈS
DRAEGER

Erkennungsmerkmale der Marke

Der Rohstoffmangel im Zweiten Weltkrieg bescherte Hermès ein weiteres Erkennungsmerkmal: das Orange seiner Schachteln. Diese wurden durch ihre unverkennbare Farbe ebenfalls zu einem begehrten Statussymbol. Orange war ursprünglich keinesfalls die Farbe der Wahl. Bis in die 1940er Jahre hatte das Haus Verpackungen in unterschiedlichen Farbtönen wie Creme und Gold verwendet. Weil während des Krieges einzig Orange in großen Mengen verfügbar war, verwendete das Unternehmen diese Farbe zunächst als Notlösung.

Das Orange wurde bald so eindeutig mit der Marke assoziiert, dass es 1994 als offizielle Farbe des Hauses Hermès registriert wurde, während es die Schachteln in etwas mehr als 200 Formen für verschiedene Produkte gibt. Auch das braune Baumwollband, mit dem man die Schachteln verschnürt, wurde zum Markenzeichen. Farblich auf die Schachteln abgestimmt, trägt es den Schriftzug „Hermès Paris“ und eine Sattlernaht entlang der Kanten. Das Band hat sogar einen Namen: *Bolduc*, bezugnehmend auf die niederländische Stadt ’s-Hertogenbosch (französich Blois-le-Duc), in der es hergestellt wird.

Ebenfalls in der Nachkriegszeit schuf Robert Dumas das Logo *Duc Attelé*, das bis heute für Hermès steht. Als Vorlage diente eine Zeichnung des Malers Alfred de Dreux mit dem Titel *Duc attelé, groom a l'attente* aus der Mitte des 18. Jahrhunderts, das sich in der umfangreichen Kunstsammlung von Émile-Maurice Hermès befindet. Dargestellt ist eine Kutsche mit Pferd, dem ein Edelmann gegenübersteht – eine Hommage an die historischen Wurzeln des Unternehmens und seinen Ursprung als Sattlerei.

Seit den Nachkriegsjahren ziert alle Hermès-Verpackungen ein unverwechselbarer warmer Orangeton, der für Energie, Dynamik und Eleganz steht.

Die Sattlerei Hermès verfügte 1944 über drei Niederlassungen in Paris, Cannes und Biarritz.

Wachstum und Expansion

Nach dem Tod von Émile-Maurice im Jahr 1951 übernahm Robert Dumas die kreative Leitung der Marke und führte sie gemeinsam mit seinen beiden Schwägern. Unter seiner experimentierfreudigen Ägide expandierte Hermès weiter und festigte seine Position als eine der renommiertesten Luxusmodemarken der Welt.

In den 1950er Jahren setzte Hermès seine in den Jahrzehnten zuvor begonnene Ausweitung des Sortiments fort. Die Seidentücher wurden dank neuer Motive und leuchtender Farben zu beliebten Accessoires. Die Stars der damaligen Zeit, von Grace Kelly über Jacqueline Kennedy bis Audrey Hepburn, liebten sie und machten die *Carrés* zu Stilikonen. Auf dem Erfolg der Seidentücher bauten neue Accessoire-Kollektionen auf wie Handschuhe, Gürtel und Wollschals, die sich allesamt durch erstklassige Qualität und raffiniertes, innovatives Design auszeichneten.

Die Lederverarbeitung, die für Hermès seit Anbeginn zentral war, wurde in den 1950er Jahren kontinuierlich weiterentwickelt. Manche Taschen erlangten Kultstatus, etwa die Modelle *Kelly* und *Haut à Courroies,* und neue Entwürfe kamen hinzu, darunter die Beuteltasche *Mangeoire* (1954) aus weichem Leder für lässige Looks.

In der Mode folgte das Haus Hermès dem Stildiktat der Nachkriegszeit: Kleider mit weiten Röcken und betonten Taillen in Pastelltönen und mit Blumendekor, die tagsüber, zum Cocktail, zu formellen Abendanlässen, aber auch zur Soirée getragen werden konnten und in der Garderobe einer Dame unverzichtbar waren. Hermès vertraute seine Modeabteilung damals kreativen Köpfen an, die den Stil des Jahrzehnts mit gehobener Eleganz interpretierten, jedoch nicht unbedingt innovativ waren.

Im Jahr 1951 präsentierte Hermès, wie viele Modehäuser Anfang der 1950er Jahre, erstmals ein Parfum: *Eau d'Hermès*, eine Kreation des Parfümeurs Edmond Roudnitska. Der Duft sollte „den Wohlgeruch einer Hermès-Tasche heraufbeschwören, der einem entgegenströmt, wenn man sie öffnet“. Wie Chanel, wo man für *Chanel N°5* nach etwas gesucht hatte, das nichts mit den traditionellen floralen Parfums zu tun haben sollte, wollte Hermès einen evokatives Geruchserlebnis kreieren, das sofort mit der Marke assoziiert werden würde.

Mit *Eau d'Hermès* verließ das Unternehmen erstmals das Markensegment Lederwaren und Modeaccessoires und tat einen ersten Schritt in einen Sektor, der für die Zukunft der Marke noch eine entscheidende Rolle spielen sollte.

Rechts – Hermès-Werbung für ein Complet aus Hose und Oberteil und die lässige Beuteltasche *Mangeoire*. Zeichnung von Pierre Simon, Frankreich, 1953.

Nächste Doppelseite – Werbekampagne zum Fest: eine Armbanduhr, elegante Damenhandtaschen, Handschuhe und das Parfum *Calèche* – alles von Hermès. Gestaltung von Pierre Pagès, Aquarellmaler und Graveur. Frankreich, 1962.

HERMÈS.
Piqué de coton de Dormeuil.

HERMÈS
Calèche
HERMES

In den 1950er Jahren baute Hermès seine Präsenz in Europa und den USA weiter aus. Das Unternehmen eröffnete Boutiquen und Verkaufsstellen in den wichtigsten Modemetropolen und brachte seine Vorstellung von Stil und edlem Handwerk einem immer größeren und anspruchsvolleren Kundenkreis nahe. Hermès-Kreationen sollten fester Bestandteil der kollektiven Vorstellungswelt werden, verknüpft mit Luxus und Raffinement.

In den 1960er Jahren führte die Marke neue Stilelemente ein und erweiterte ihre Kollektionen, um Luxus innovativ zu interpretieren. Die *Carrés*, seit den 1950er Jahren Symbol der Marke, wurden mit neuen Motiven aufgefrischt und griffen die lebhafte, dynamische Ästhetik des Jahrzehnts auf. Gleichzeitig brachte Hermès die Luxuslederwarenindustrie weiter voran und konzentrierte sich auf ikonische Modelle wie die Tasche *Kelly*, die es dank Fürstin Gracia Patricia von Monaco, vormals Grace Kelly, zur Berühmtheit gebracht hatte, und die *Constance*, die 1969 herauskam. Dieses Modell mit der charakteristischen H-Schließe zählt bis heute zu den Bestsellern der Marke.

1967 entstand erstmals eine Kollektion mit Damenkonfektion unter Federführung der ungarisch-französischen Stylistin Catherine de Karolyi. Bis 1980 war sie bei Hermès für die Damenbekleidungs- und Accessoire-Kollektionen verantwortlich. Auf sie geht auch die berühmte H-förmige Schließe an Gürteln, Taschen, Schuhen und vielen anderen Accessoires zurück.

In den Sechziger Jahren wurde das Sortiment um Schmuck und Wohnaccessoires erweitert, um die Nachfrage nach Luxusartikeln in allen Lebensbereichen zu bedienen. Sogar das Parfümsegment wuchs weiter und festigte den Platz von Hermès in der Welt der Eleganz.

Bereits damals ging Hermès Kooperationen mit berühmten Künstlern und Designern ein, um den Produkten des Hauses noch größere Exklusivität zu verleihen. Die Verbindung mit der Kunst machte die Kreationen nicht nur einzigartiger, sondern stärkte auch das Image der Marke als kulturellere Akteurin und als Modehaus.

Darüber hinaus wurden auch die Schaufenster zur Bühne künstlerischer Ausdrucksformen. Anfang der 1960er Jahre begann Leïla Menchari, Absolventin der Kunstakademien von Tunis und Paris, bei den Schaufensterdekorationen der Hermès Boutique in der Rue du Faubourg Saint-Honoré mitzuwirken. Von 1978 bis 2013 war sie leitende Dekorateurin dieser Niederlassung und berühmt für ihre extravaganten und kühnen Arbeiten. Auf sie folgte der Filmausstatter und Bühnenbildner Antoine Platteau, der die Schaufenster nun in kleine, elegante Theater verwandelte.

Hermès setzte seine internationale Expansionsstrategie mit der Eröffnung neuer Niederlassungen in den Hauptstädten der Welt fort. Das war nur folgerichtig für eine Marke, die sich als führendes globales Luxusunternehmen positionieren wolltel. Bis heute spiegeln alle Boutiquen die Philosophie der Maison Hermès wider, nicht zuletzt, indem der Ästhetik und dem Kundenerlebnis größte Aufmerksamkeit gewidmet wird.

Sie sollen die Passanten überraschen, neugierig machen, zum Staunen bringen und in eine exotische Welt entführen: die Schaufenster von Hermès. Diese Dekoration ist eine Kreation von Leïla Menchari, der langjährigen künstlerischen Leiterin der Boutique an der Rue du Faubourg Saint-Honoré. Im Hintergrund ein Gemälde von Thierry Bruet. Hermès Boutique Opéra, Paris, 1985.

Opéra: composition conçue par Leïla Menchari, en 1985, pour la vitrine Hermès. Peinture Thierry Buret. Photo Patrice Tourenne.

Luxus neu gedacht

Wie es bei Hermès Tradition ist, bereitete die Familie die Nachfolge gut vor und begann, die jüngere Generation einzubeziehen. 1964 stieg Jean-Louis Dumas, Roberts Sohn, in das Unternehmen ein.

Der junge Dumas studiert Rechts- und Politikwissenschaften, reist um die Welt, arbeitet einige Zeit in New York bei Bloomingdale's und liebt alles Schöne und die Handwerkskunst, die er im Namen der Moderne zu erneuern gedenkt. Mit nur 33 Jahren wird er 1971 Geschäftsführer und nach dem Tod seines Vaters 1978 Vorstandsvorsitzender des Hauses Hermès.

Unter seiner Führung wandelte sich Hermès radikal, indem das Konzept Luxus grundlegend neu gedacht wurde. Als Visionär, getrieben von Neugierde und Interesse an Kulturen, diversifizierte er das Unternehmen und katapultierte es auf die globale Bühne. Er passte die Produkte an den Geschmack und die Trends dieses Jahrzehnts stilistischer Experimentierfreude und gesellschaftlichen Wandels an. Auch wenn der Name Hermès schon lange für Raffinesse und hohe Handwerkskunst stand, beschritt das Unternehmen nun neue Wege in Bezug auf Materialien, Design und Marketingstrategien, ohne seiner DNA untreu zu

werden.[10] Unter der kreativen Leitung von Jean-Louis Dumas engagierte Hermès Designer wie Eric Bergère[11] und sorgte dafür, dass Lässigkeit in die Bekleidungssparte einzog. Dies entsprach dem Zeitgeist des Jahrzehnts, in dem Mode funktionaler wurde, aber dennoch elegant und raffiniert sein sollte. Dank dieser Entwicklung gelang es dem Modehaus, einen noch breiteren Kundenkreis anzusprechen und seine Präsenz im Sektor der Luxusmode auszubauen.

Die 1970er Jahre waren auch wichtig für die Weiterentwicklung der Lederwaren, wobei besonderes Augenmerk auf die Qualität der Materialien und die Innovation der Designs gelegt wurde. Neue Accessoires wie Gürtel, Geldbörsen und Kleinlederwaren wurden eingeführt, deren ikonische Details zu Symbolen mit hohem Wiedererkennungswert wurden – wie beispielsweise die Schließe in H-Form.

Auch in den 1970er Jahren blieb das Seidentuch das bekannteste Accessoire der Marke Hermès. Die vom Pferdesport, der Pflanzenwelt und historischen Themen inspirierten Motive der *Carrés* verkörperten die Essenz des Modehauses. Von innovativen Designern und Künstlern neu interpretiert, entwickelten sich die Tücher aus dem Hause Hermès zu stilvollen Markenzeichen eleganter Damen in aller Welt.

Links – Die *Constance* von 1959 zählt bis heute zu den begehrtesten Damenhandtaschen von Hermès.

Oben – Armreif Hermès *Clic H „Mystere au 24"*, Roségold mit bedruckter Emaille, um 2020.

Unten – Armreif *Clic Clac H*, Gold und Emaille, um 2000.

In den 1970er Jahren brachte Hermès zudem neue Düfte auf den Markt, die für Luxus, Ästhetik und Eleganz der Marke standen. Parallel dazu entwickelte man eine Produktreihe aus eleganten Objekten für Zuhause, die dekorativ und funktional zugleich waren.[12] Eine Kollektion mit Möbeln und Heimtextilien sollte erst Anfang der 2000er Jahre in Zusammenarbeit mit bedeutenden Designern wie Enzo Mari und Antonio Citterio folgen.

1975 wurde die Uhr *Kelly* lanciert, im Jahr darauf folgten die emaillierten Armreife. Beide, die Uhren und die Armreife, entwickelten sich zu Markenzeichen des Unternehmens.

Im Zuge dieser Erneuerung spielte die Zusammenarbeit von Hermès mit der Innenarchitektin Rena Dumas eine wichtige Rolle.[13] Ab 1976 gestaltete sie über 300 Geschäfte der französischen Marke im Stil ihrer raffinierten Ästhetik um, die auf kostbare Naturmaterialien setzte. Eine der letzten Boutiquen, die nach Rena Dumas' künstlerischer Vision gestaltet wurde, war 2007 der Store in der Rue du Faubourg Saint-Honoré in Paris.

Links – Armbanduhr *Kelly* von 1975, Detail.

Rechts – Rena Dumas, berühmte Innenarchitektin, und ihr Ehemann Jean-Louis Dumas, Vorsitzender der Hermès-Gruppe, während der Umgestaltung des Firmensitzes in der Rue du Faubourg Saint-Honoré.

Plane gut und wage Risiken

Unter der Leitung von Jean-Louis Dumas verstärkte Hermès seine Präsenz im Ausland, eröffnete neue Geschäfte und ging Partnerschaften mit wichtigen Einzelhändlern in den bedeutendsten Modemetropolen der Welt ein.

Durch diese Strategie baute das Unternehmen ein globales Vertriebsnetz auf und stärkte seine Position auf dem internationalen Luxusmarkt.

1984 kam eine weitere Hermès-Ikone auf den Markt: die Tasche *Birkin*. Ihr Erfolg erklärt sich zum Teil durch das Talent, Chancen zu erkennen und zu ergreifen – Glück war aber auch dabei.

Die Tasche ist das Resultat der Zufallsbegegnung von Jean-Louis Dumas und Jane Birkin auf einem Flug von Paris nach London. Die Schauspielerin beklagte, dass es keine bequeme, leichte, zugleich große Tasche gebe, in der eine Frau alles unterbringen könne, was sie auf Reisen benötigt. Zurück in Paris entwarf Dumas höchstpersönlich eine Tasche nach Jane Birkins Wünschen: elegant und geräumig, für den Tag ebenso geeignet wie für den Abend. Bis heute ist die *Birkin* weltweit begehrt.

1987 feierte Hermès in Paris sein 150-jähriges Bestehen mit einem legendären Feuerwerk auf der Brücke Pont Neuf. Dieser feierliche Moment wurde in einem Thema festgehalten – dem ersten einer langen Reihe. Seither wird Jahr für Jahr ein neues Thema auserkoren, das sämtliche Kreationen des Hauses beeinflusst.

In den 1970er und 1980er Jahren kaufte Hermès Firmen auf, die dem Haus einzigartiges Know-how einbrachten. 1976 übernahm Hermès *John Lobb,* ein britisches Unternehmen für Maßschuhe. Seit 1978 ist Hermès mit der Marke *La Montre Hermès* in die Uhrmacher- und mit der 1993 erworbenen Silberschmiede *Puiforcat* in die Schmuckbranche eingestiegen. Seit 1995 gehört die Kristallglasmanufaktur *Saint-Louis-lès-Bitche* zur Hermès-Gruppe.

Gleichzeitig entstanden bedeutende Kooperationen, etwa mit dem Designer Pierre Hardy für Schuhe und Accessoires, dessen Entwürfe die Attraktivität der Marke weiter steigern konnte. 1997 kreierte er die Sandalen *Oran*, inspiriert von der Stadt Oran in Algerien, sehr minimalistisch und mit „H"-Motiv. Kollektion für Kollektion wurde diese weitere Hermès-Ikone in vielen Farben und Materialien variiert.

Ende des 20. Jahrhunderts schlug das Haus Hermès erneut einen mutigen und innovativen Weg ein, als es 1998 den belgischen Modeschöpfer Martin Margiela zum Kreativdirektor für Prêt-à-porter-Bekleidung ernannte.[14]

Oben – Accessoires aus dem Hause Hermès, darunter die Sandalen *Oran* und die Armreife *Collier de Chien*.

Rechts – Jane Birkin gefiel es, der ihr von Hermès gewidmeten Tasche mit Stickern, buddhistischen Rosenkränzen und bunten Anhängern eine persönliche Note zu verleihen.

unicef
DU MÉDECINS

Mode, neu interpretiert

Die Kollaboration der traditionsreichen Luxusmarke Hermès mit dem avantgardistischen Designer Margiela sollte zu den interessantesten und revolutionärsten der Modewelt werden, obgleich Margielas konzeptioneller, minimalistischer Ansatz dem traditionellen Luxus von Hermès diametral entgegengesetzt war und ist.

Diese sechs Jahre währende Partnerschaft markiert ein ganze Ära und führte Hermès in eine neue Zeit, dank Margielas unverkennbar unkonventionellem Stil. Martin Margiela übernahm die zeitlose Eleganz von Hermès, definierte sie jedoch auf einzigartige Weise neu, indem er bei seinen Entwürfen auf ein Gleichgewicht zwischen subtilem Luxus und radikaler Innovation setzte. Damit gewann die Marke neue Kundinnen und Kunden, die jünger und moderner waren.

Die größte Herausforderungen für Margiela an der Spitze von Hermès war es, seine Ästhetik mit der Identität der Marke in Einklang zu bringen, ohne diese zu verzerren. Während sich die Kollektionen von Hermès traditionell durch leuchtende Farben, edle Textilien und raffinierte Schnitte auszeichneten, entschied sich Margiela für Einfachheit und Zweckmäßigkeit. Statt leuchtender Farben führte er eine neutrale Farbpalette ein – Beige, Grau, Schwarz und Weiß – und schuf klare Silhouetten und Linien.

Die Schauen Frühjahr/Sommer und Herbst/Winter 1998 mit Kreationen aus der Kollektion von Martin Margiela für Hermès.

Margielas Vorstellung von zeitgenössischem Luxus ließ sich mit den Werten von Hermès vereinbaren. Gekonnt verschmolz er sein Konzept des „unsichtbaren Luxus" mit der Handwerkskunst des Hauses, indem er die Qualität der Materialien und die Liebe zum Detail betonte, ohne auf Dekor oder große Logos zurückzugreifen. Seine Kreationen waren für anspruchsvolle, selbstbewusste Frauen gedacht, die stillen Luxus und zeitlose Eleganz schätzten. Die Ära Margiela markierte einen bedeutenden Wandel in der Wahrnehmung der Marke, die fortan für weit mehr als Luxus und Raffinesse stand – nämlich auch für Modernität.

Margielas bedeutendster Coup bestand darin, Klassiker aus dem Hermès-Archiv aus zeitgenössischer Sicht neu zu interpretieren. Seine Versionen des Trenchcoats, des Bleistiftrocks und des Kaschmirpullovers illustrieren diese Vorgehensweise: Die Stücke zeichneten sich durch sorgfältige Verarbeitung und eine makellose Passform aus, waren aber auf das Wesentliche reduziert.[15]

In einer Zeit, in der Verbraucher sich Authentizität und Handwerkskunst wünschten, bot Margiela ihnen genau das und schrieb dabei die Hermès-Ästhetik fort. Heute gelten viele der damals entworfenen Kleidungsstücke als Kultobjekte, deren Raffinesse geschätzt wird. Margielas Einfluss markierte den Beginn eines neuen Kapitels: Der Marke Hermès gelang es, mit der Zeit zu gehen, ohne ihre Identität einzubüßen.

Auf dem Laufsteg: Komplettlooks der Prêt-à-porter-Kollektion Herbst/Winter 1998, die Martin Margiela für Hermès entworfen hatte.

Links – Supermodel Linda Evangelista lief 2004 als verführerische Amazone für Hermès.

Oben – Das Finale der Hermès Fashion Show Herbst/Winter 2006/2007 mit Entwürfen von Jean-Paul Gaultier.

Ebenfalls von großen Erfolg gekrönt war die Zusammenarbeit von Hermès mit Jean-Paul Gaultier von 2003 bis 2010, die für neue ästhetische Codes in der Sparte Fashion von Hermès sorgte. Als das *Enfant terrible* der Mode die Rolle des Kreativdirektors für Damenoberbekleidung des Luxuslabels übernahm, fragten sich viele, wie ein Designer, der für seinen rebellischen Stil bekannt war, sich an das Image des Modehauses anpassen würde, das für Tradition, diskrete Eleganz und schlichte Kleidungsstücke stand. Hermès brauchte zur damaligen Zeit einen Designer, der der Bekleidungslinie des Hauses einen zeitgenössischen Touch verleihen konnte, ohne den Luxus und die Handwerkskunst zu opfern.

Der für seinen kühnen, respektlosen und anspielungsreichen Stil bekannte Gaultier verlieh der klassischen Eleganz des Hauses Hermès frischen Wind durch Provokation.[16] Er vereinte zwei scheinbar gegensätzliche Welten und schuf eine innovative Balance aus Luxus und Experimentierfreude. Unter Beibehaltung edler Materialien und klassischer Formen führte er strukturiertere Schnitte sowie Details ein, die auf die für die Hermès-Ästhetik zentrale Welt des Reitsports anspielten, und verschmolz sie mit seinem persönlichen Stil.[17]

Sogar das ikonische Seidentuch verwandelte er, etwa in ein Top oder einen Rock – und bewies damit dessen Vielseitigkeit und Zeitlosigkeit.

Oben – Eine *Kelly Cut,* Design Jean-Paul Gaultier, 2007, hier als Clutch aus Krokodilleder.

Rechts – Jean-Paul Gaultiers *Kelly*-Version lässt sich dank des superweichen Leders am Gürtel oder sogar als Bustier tragen.

Gaultier interpretierte auch einige der legendären Hermès-Taschen neu, verlieh ihnen eine kühne Note und brachte die Klassiker *Kelly* und *Birkin* als Schultertaschen heraus.[18] Zu den berühmtesten Gaultier-Modellen zählt die *Birkin Shadow,* eine *Trompe-l'oeil*-Interpretation der *Birkin* Bag, deren Überschlag, Riemen mit Schließe und Schlüsseletui er als Silhouette direkt ins Leder prägen ließ. Eine weitere bekannte Kreation Gaultiers ist die *Kelly Flat,* eine legerere Version der klassischen *Kelly* aus weicherem Leder, die sich statt mit dem ikonischen Schloss mit einem Lederriemen schließen lässt und mit ihrem Schulterriemen perfekt zum Reisen geeignet ist. Während seiner Zeit bei Hermès experimentierte Gaultier auch mit verschiedenen Materialien wie Krokodil-, Togo- und Weichleder, leuchtenderen Farben und gewagten Kombinationen.

Gaultiers Rolle als Kreativdirektor brachte nicht nur frische Ideen, sondern steigerte auch die internationale Sichtbarkeit der Marke Hermès. Seine Kollektionen, deren originelle Ästhetik sich mit dem zeitlosen Luxus von Hermès zu einem provokativen Stil vereinte, zogen erneut ein jüngeres, diverses Publikum an und sicherten die Zukunft von Hermès auf dem Markt der Luxusmode.

Oben – Das *Enfant terrible* der Mode machte das Hermès-*Carré* zum Gürtel. Eine Provokation, die Trends setzte.

Rechts – Die legendäre Ledercorsage aus der Herbst-/Winterkollektion 2004/2005 von Jean-Paul Gaultier für Hermès.

Wachstum und Risiko

Unter Jean-Louis Dumas expandierte Hermès weltweit und eröffnete zahlreiche Boutiquen, die das Image der Marke elegant mit der jeweiligen Kultur verknüpften.[19] Im Jahr 2000 feierte Hermès in der Madison Avenue, New York City, die Eröffnung seines Stores, ein Entwurf des Stararchitekten Renzo Piano, der wie eine Schatztruhe anmutet; 2006 folgte eine Niederlassung im Dosan Park in Seoul. Darüber hinaus lancierte Hermès 2002 seine Online-Boutique in den USA, drei Jahre später folgte Frankreich.

1992 verlegte Hermès seine Lederwerkstatt vom ersten Stock des Gebäudes in der Rue du Faubourg Saint-Honoré 24 nach Pantin, etwas außerhalb von Paris. 2013 wurde der Standort um die *Cité des métiers* erweitert, einen größeren Komplex, der verschiedene Gebäude durch Themengärten miteinander verbindet.

Jean-Louis Dumas hatte Hermès außergewöhnlichen Wachstum und Erfolg beschert und brachte das Unternehmen 1993 an die Börse.

2005 wurde Pierre-Alexis Dumas aus der fünften Generation der Hermès-Familie und Sohn von Jean-Louis Kreativdirektor. Unter seiner Leitung erweiterte die Marke ihr Know-how: 2010 präsentierte Hermès parallel zur Schmucklinie die erste *Haute-Joaillerie*-Kollektion (Echtschmuck der absoluten Luxusklasse). Im folgenden Jahr wurde das Sortiment um Heimtextilien und Tapeten erweitert. 2015 folgte eine kühne Kooperation mit Apple – die *Hermès Apple Watch*.

Auf Wunsch von Pierre-Alexis Dumas verlieh das Unternehmen seiner Mäzenatentätigkeit und seinem philanthropisches Engagement durch die Gründung der *Fondation d'entreprise Hermès* im Jahr 2008 neuen Schwung.

Die Hermès-Stiftung unterstützt zahlreiche Projekte in ganz unterschiedlichen Bereichen wie zeitgenössischer Kunst, Bildung, Handwerk und Umweltschutz. Durch diese Programme fördert Hermès die Kultur und die Entwicklung regionaler Kooperationen und stärkt die Bindung zwischen dem Unternehmen und der Gesellschaft.

Im Jahr 2010 wurde das Atelier *Petit h* von Hermès eröffnet, damals unter der Leitung von Pascale Mussard, der Ur-Ur-Enkelin von Thierry Hermès. Im Fokus stehen die Materialien, die bei der Fertigung der Hermès-Produkte übrig bleiben. Im Atelier lassen Handwerker und Designer ihrer Kreativität freien Lauf und fertigen einzigartige Objekte, unterstützt von den exzellenten Werkstätten und dem Know-how des Traditionsunternehmens. Bei Hermès spricht man daher auch von „rückwärts kreieren".

2010 gab es auch im Modebereich des Unternehmens Veränderungen. Christophe Lemarie wurde zum Kreativdirektor ernannt, während 2014 die Leitung der Damenkollektionen an Nadège Vanhee-Cybulski ging. In der Herrenmode gab es weniger Veränderung: Véronique Nichanian steht dieser Abteilung seit 1988 vor.

Die Leitung des Unternehmens hingegen ging auf Jean-Louis Dumas' rechte Hand, Patrick Thomas über. Dieser entwickelte eine strategisch dezentralisierte Organisation und strukturierte die globale Präsenz von Hermès nach geografischen Gesichspunkten neu. Thomas begleitete auch den Generationenwechsel bis zur Ernennung von Axel Dumas, dem Neffen von Jean-Louis Dumas, zum CEO im Jahr 2013.

Die 2001 eröffnete Hermès-Niederlassung in Tokio nach einem Entwurf des Architekten Renzo Piano.

„Freundliche“ Übernahme

An einem Morgen im Oktober 2010 erhielten Bertrand Puech, Mitglied der Hermès-Familie, und Patrick Thomas, CEO des Unternehmens, einen Anruf von Bernard Arnault, dem Inhaber des Branchenführers der Luxusgüterindustrie LVMH Moët Hennessy – Louis Vuitton SE. Arnault informierte beide darüber, dass LVMH eine beträchtliche Anzahl von Hermès-Aktien erworben hatte. Die Investition sei, wie Arnault später erklärte, als freundliche Übernahme gemeint gewesen, in der Absicht, Hermès strategisch und operativ zu unterstützen.

LVMH hatte bereits eine Reihe von Luxusmarken gekauft, darunter Bulgari, Dior und Fendi, und wollte sein Portfolio noch erweitern. Hermès war besonders attraktiv: eine exklusive Marke, die für diskreten Luxus und hochwertige Handwerkskunst steht und über einen treuen Kundenstamm verfügt. Bei Hermès sah man durch den Übernahmeversuch jedoch seine Unabhängigkeit bedroht und befürchtete, dass eine Einverleibung durch LVMH seinen Werten und langfristigen Ziele schaden würde.[20]

Zu diesem Zeitpunkt hielten die Eigentümerfamilien Dumas, Guerrand und Puech etwa 73 Prozent des Unternehmens. LVMH war es gelungen, zirka 23 Prozent der Hermès-Anteile aufzukaufen, wodurch LVMH, angesichts der Struktur der Hermès-Gruppe, Einfluss auf strategische Entscheidungen hätte nehmen können.

Um das zu verhindern, sicherten die Familien die Unabhängigkeit des Unternehmens Hermès ab, indem sie eine Holding in Familienbesitz gründeten, der sie über 50 Prozent der Unternehmensanteile übertrugen, was eine feindliche Übernahme künftig erschweren sollte. Nach Jahren der Auseinandersetzungen und Rechtsstreitigkeiten erklärte sich LVMH 2014 bereit, seine Anteile an Hermès wieder zu verkaufen. Der Übernahmeversuch war damit abgewehrt.

Dieses Ereignis festigte das Image von Hermès als Marke, die der Tradition und dem Handwerk treu war und dem Druck des Marktes standhalten konnte, um ihre Unabhängigkeit zu bewahren. Darüber hinaus erlebte die Welt hier einen der seltenen Fälle, in denen ein Luxusriese zurückgewiesen wurde, was die Autonomie von Hermès als Premium-Marke stärkte.[21]

Die sechste Generation

Heute ist Hermès eine der bekanntesten und renommiertesten Luxusmarken mit einer globalen Präsenz in vielen Metropolen der Welt. Das Unternehmen wird bis heute von Nachkommen des Gründers Thierry Hermès geführt. Dank dieser Kontinuität konnte Hermès seine Identität trotz exponentiellen Wachstums bewahren.

Jean-Louis Dumas’ Neffe Axel Dumas, seit 2013 CEO, setzte 2024 mit der Eröffnung der fünften Hermès-Niederlassung in Shanghai und weiterer Flagship-Stores den weltweiten Expansionskurs der Marke fort. 2019 erschloss sich Hermès mit einer Boutique in Warschau Polen als neuen Markt. Axel Dumas setzt nachdrücklich auf das digitale Wachstum der Gruppe und ließ 2017 die Website hermes.com überarbeiten. Damit konnte Hermès sich die digitale Entwicklung zunutze machen, im Einklang mit den

Erwartungen seiner weltweiten, zunehmend vernetzten Kundschaft. Unter Axel Dumas' Führung intensivierte die Hermès-Gruppe auch das Multi-Channel-Marketing.

Axel Dumas setzt auf Nachhaltigkeit und Innovation und fördert Umweltschutz-Initiativen sowie das traditionelle Handwerk. Nach wie vor lässt Hermès überwiegend in Frankreich produzieren und stellt sein Know-how in den Dienst der Kreativität.

„Wir schauen nicht zu sehr auf die Konkurrenz, um nicht beeinflusst zu werden", scherzte Dumas bei der Präsentation des Unternehmensberichts im Juli 2023. Als er die vier Grundwerte der Marke aufzählte, nannte er an erster Stelle Unabhängigkeit.

Das Unternehmen Hermès ist im Bereich der Luxuslederwaren weltweit nach wie vor führend, erweitert aber konsequent sein Portfolio, das Prêt-à-porter, Uhren, Parfüms, Schmuck und Einrichtung umfasst. Jede neue Produktlinie muss denselben Ansprüchen an Qualität und Handwerkskunst genügen, die Hermès seit seiner Gründung pflegt. Alle 16 Sparten, die Hermès heute unter einen Dach vereint, genießen kreative Freiheit und werden jedes Jahr durchweg von einem neuen Thema inspiriert.

Im Jahr 2020 kam die Maison Hermès mit ihrem sechzehnten *Métier* auf den Markt. Nach fünf Jahren der Planung, Forschung und Entwicklung hat die Kosmetikabteilung ihre erste Lippenstiftkollektion vorgestellt: *Rouge Hermès*.

Die Inhaberfamilien betrachten Hermès jedoch nicht nur als Unternehmen, sondern auch als Hüterin handwerklicher und kultureller Traditionen. So wurde 2021 die *École Hermès des Savoir-Faire (CFP)* gegründet, eine Berufsschule, deren Absolventen ein staatlich anerkanntes Diplom in der Lederverarbeitung erwerben.

Das vor fast zwei Jahrhunderten von Thierry Hermès gegründete Unternehmen ist seinen Grundwerten durch alle Zeiten hindurch treu geblieben: Qualität, Handwerkskunst und Liebe zum Detail. Die Geschichte des Hauses beweist, dass eine klare Vision und unerschütterliches Engagement für Qualität den Wechselfällen von Geschichte und Mode standzuhalten vermögen.

Die Armbanduhr *Heure H*, um 2000, mit einem Gehäuse aus Edelstahl, schwarzem Lederarmband und Dornschließe, ist ein Klassiker unter den Hermès-Uhren.

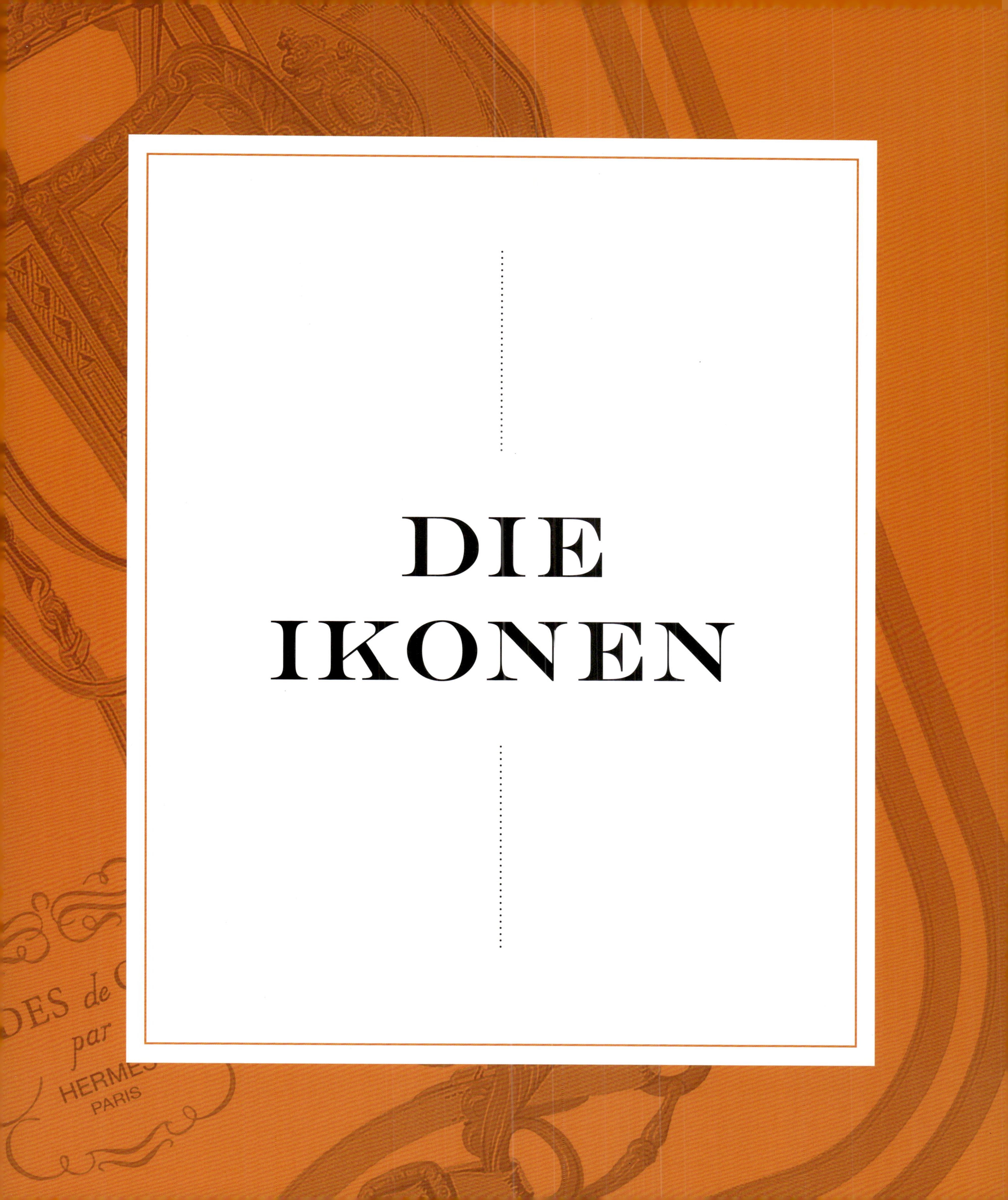

DIE IKONEN

Tücher

EINE GESCHICHTE AUS FANTASIE UND SEIDE

Seidentücher umhüllen, ja umarmen uns und können als elegantes Detail einen Look definieren. Das Seidentuch von Hermès ist Teil eines faszinierenden, kohärenten Universums.

Das Seidentuch hat eine lange Tradition. Einst dazu gedacht, vor Sonne zu schützen, wurde es bald mit sozialer und religiöser Bedeutung aufgeladen. Im Laufe der Jahrhunderte entwickelte es sich zum Symbol für Eleganz und passte sich allen Trends und Moden an.

Während Seidentücher heute hauptsächlich Accessoires für Frauen sind, wurden sie zu Beginn von Männern getragen. Im Mittelalter zeigten sich Ritter mit Seidentüchern, die ihnen von Edeldamen überreicht worden waren – bei Turnieren und sogar in Schlachten. Im 17. Jahrhundert wiesen kroatische Soldaten mit Tüchern (aus Seide für Adelige und aus Baumwolle für andere Stände) ihren militärischen Rang aus. Die Soldaten der Grande Armée Napoleons wärmten bei Schlechtwetter mit Tüchern ihren Hals, zeigten damit aber auch an, welchem Militärkorps sie angehörten.

Ab dem 18. Jahrhundert tauchten bestickte und mit Spitze verzierte Taschentücher in den Kleiderschränken des Adels auf. Damen bedeckten mit dem *Fichu* allzu tiefe Ausschnitte.

Im 19. Jahrhundert trugen Bäuerinnen Kopftücher, doch die Vorliebe der englischen Königin Victoria für große Seidentücher machte dieses Accessoire elegant und hoffähig.

Auf dem Cover des Magazins *Modes et Travaux* vom August 1953 ist ein Model im Kostüm und mit einem Seidentuch aus dem Hause Hermès abgebildet. Illustration von Jaques Demachy.

Bis in die 1930er Jahre trugen Piloten elegante Seidenschals und Halstücher aus eher praktischen Gründen: um sich vor Zugluft zu schützen.

Im Zeitalter der Luftfahrt Anfang des 20. Jahrhunderts trugen Piloten wärmende Halstücher aus edler Seide als Teil ihrer Uniform. Erst in der Belle Époque eroberte sich das Seidentuch seinen Platz in der Damenwelt. Die gefragtesten Modeschöpfer der Zeit wie der Franzose Paul Poiret gestalteten gewagt gemusterte Seidentücher, die elegant am Hals verknotet oder als Turban um den Kopf getragen wurden.

Als in der Jazz-Ära der 1920er Jahre die Kleider immer kürzer wurden, knüpften die Frauen sich Tücher um ihre burschikosen Frisuren. In den 1930er Jahren waren Seidentücher als Kopfbedeckung auf Reisen in offenen Wagen praktischer als Hüte, und während des Zweiten Weltkrieg wurde das Kopftuch zum Markenzeichen der Fabrikarbeiterinnen. Erst in den 1950er und 1960er Jahren wurde das Seidentuch ein echtes Must-have: Viele Filmstars und Berühmtheiten dieser Zeit zeigten sich mit diesem Accessoire, dem das Pariser Modehaus Hermès im Jahrzehnt zuvor neue Eleganz verliehen hatte.

In den 1920er Jahren banden sich viele Frauen Seidenschals als Stirnbänder um den Kopf und schufen damit einen neuen Modestil.

Oben – In der Mode 1950er und 1960er Jahre trug man Seidentücher zu jeder Gelegenheit: zum Beispiel wie Brigitte Bardot als Kopftuch, das unter dem Kinn zusammengebunden wurde. Hier handelte es sich um das Modell *Bride de Gala*.

Rechts – Jaqueline Kennedy kombinierte das Kopftuch in den 1970er Jahren mit einer großen Sonnenbrille.

Filmdiven wie Audrey Hepburn und Catherine Deneuve trugen Kopftücher aus Seide und banden sie unter dem Kinn zusammen – dazu eine übergroße Sonnenbrille. Brigitte Bardot faltete die Tücher zum Haarband. Elizabeth Taylor knotete sie gerne eng um den Hals oder ließ ihre Enden den Rücken herabhängen. Grace Kelly, Fürstin von Monaco, war selbst mit Armverletzung stilvoll und wurde mit einem Seidenschal als Armschlinge fotografiert.

In den 1970er Jahren trugen Berühmtheiten wie Bianca Jagger und Lauren Bacall sowie Prominente wie Jacqueline Kennedy Onassis Seidentücher als Stirnband, zum Turban gewickelt, unter Hüten oder um den Hals geschlungen. Im folgenden Jahrzehnt wurden die Seidenschals im Stil der Zeit neu interpretiert: von Grace Jones als eine Art Schleier, der ihren androgynen Look ergänzte, oder von Madonna, die ihr rebellisches Haar damit zusammenhielt.

Fürstin Gracia Patricia von Monaco mit einem Seidentuch als Armschlinge. Es handelte sich um das Modell *Deo Juvante* von 1957/58, das die Farben, das Wappen und das Motto des Fürstentums „Deo Juvante“ (Mit Gottes Hilfe) ziert.

Seidentücher blieben die gesamten 1970er Jahre hindurch Symbol formeller Eleganz und waren das bevorzugte Accessoire der britischen Premierministerin Margaret Thatcher. 1986 bekam Hermès eine besonders hochkarätige Botschafterin: Königin Elisabeth II., die auf einem der Porträts auf der Sonderbriefmarke anlässlich ihres 60. Geburtstags mit Hermès-*Carée* zu sehen ist.

In den 1990er Jahren trugen Hip-Hop- und R&B-Stars wie Jennifer Lopez und die Bandmitglieder von Destiny's Child Seidentücher als Bandanas, aber auch Tenor Luciano Pavarotti, der eine umfangreiche Sammlung besaß, schlang gerne ein Seidentuch elegant um seinen Hals.

In dem Hollywood-Film *Der Teufel trägt Prada*, der 2006 in die Kinos kam, ist ein Hermès-Seidenschal das unverzichtbare Accessoire der eiskalten Hauptfigur, wodurch er zu einem wiederkehrenden Motiv des Streifens wurde.

Auch heute noch schmücken sich Promis wie Kendall Jenner, Schauspielerinnen wie Eva Mendes und Sängerinnen wie Rihanna mit Seidentüchern – angepasst an ihren individuellen Stil: mal adrett oder im Piraten-Look.

Die britische Königin Elisabeth II. liebte und sammelte Hermès-*Carées*. Auf einem der drei Porträts für die Sondermarke zu ihrem 60. Geburtstag trägt sie eines als Kopftuch, das mit einer Schleife unter dem Kinn zusammengebunden ist.

Oben – Hermès-Seidentuch *Jeu des Omnibus et Dames Blanches,* Design Hugo Grygkar, 1937. Die grafische Komposition des *Carées* fängt die Dynamik der Stadt elegant und äußerst raffiniert ein. Ein nostalgischer Rückblick in eine Zeit, als sich die Damen und Herren der Gesellschaft mit Kutschen durch die Stadtlandschaft bewegten.

Rechts – Das Seidentuch *Ex-Libris,* Design Hugo Grygkar, 1946, greift das Ex-Libris von Émile-Maurice Hermès mit dem Motiv des Bildes *Duc attelé, groom à l'attente* auf, über das die Initialen EMH gelegt sind. Ein Hermesstab zu beiden Seiten – der heilige Stab des griechischen Gottes Hermes – symbolisiert Frieden und Handel. Um das Medaillon herum gruppieren sich vier elegante Kutschen, die ebenfalls an historische Zeichnungen aus der Hermès-Privatsammlung anlehnen.

Kreative Kooperationen

Im Jahr 1937 beschlossen Émile-Maurice Hermès und sein Schwiegersohn Robert Dumas, aus dem Stoff, aus dem das Modehaus Seidenblousons für Jockeys fertigte, große Seidentücher mit einzigartigen Motiven zu produzieren. So fuhren die beiden nach Lyon, in die Stadt der Seide, und ließen das erste Stück einer Serie fertigen, die bis heute ununterbrochen produziert wird.

Das erste Hermès-Seidentuch (*Carée*) hieß *Jeu des Omnibus et Dames Blanches* und war inspiriert von einem Gesellschaftsspiel aus dem 19. Jahrhundert. Dargestellt sind Kutschen *(omnibus)*, die von weißen Pferden *(dames blanches)* gezogen werden, im 19. Jahrhundert ein beliebtes Transportmittel in Paris. Mit einem Augenzwinkern fügte Dumas den Satz hinzu: „Ein guter Spieler fährt nie aus der Haut."

Nur die talentiertesten Designer ihrer Zeit bekamen die Chance, ein *Carée* zu gestalten, wie etwa Hugo Grygkar.[1] Inspiriert von Objekten aus der Hermès-Sammlung, verwandelte er das kleine Accessoire in ein einzigartiges Stück Stoff, das die Grenze zwischen Mode und Kunst sprengte. Das *Ex-Libris-Carée* von 1946 etwa wurde durch ein Ex-Libris inspiriert, das Émile-Maurice Hermès 1923 gezeichnet hatte

Hugo Grygkar entwarf über 100 Carrées, die bis heute ihre Fans haben. Ein berühmtes Motiv ist *Brides de Gala* von 1957, das zwei Prunkhalfter mit Wappen in elegantem Zusammenspiel aus Symmetrie und Ornamentik zeigt. Grygkar fand seine Inspiration oft in der Welt des Pferdesports, experimentierte aber auch gerne mit floralen und fernöstlichen Motiven. Seine letzte Kollektion für Hermès heißt *Floralies* (1959).

Seidentuch *Brides de Gala* von Hermès, Design Hugo Grygkar, 1957. Das rechte der in diesem Motiv gezeigten Zaumzeuge befand sich in der Sammlung von Émile-Maurice Hermès. Es war ursprünglich für Kaiser Maximilian I. von Mexiko angefertigt worden und ist mit anmutigen Meerjungfrauen verziert. Das linke Zaumzeug präsentiert das Wappen der Grafen von La Ferronays. *Brides de Gala* wurde im Laufe der Zeit unzählige Male in immer neuen Varianten aufgelegt.

BRIDES de GALA
par
HERMÈS
PARIS

Grygkars Stil zeichnen lebhafte Motive, harmonische Farben und ausgewogene Formen aus.

Auch der Designer Philippe Ledoux spielte in der Geschichte der *Carrés* eine wichtige Rolle. In den 1950er Jahren entwarf er einige der berühmtesten Seidentücher des Modehauses, insgesamt waren es über 90 Kreationen.[2]

Seine Designs zelebrieren mit Detailreichtum und erzählerischer Komplexität die Welt des Pferdesports, historische Ereignisse und Naturthemen. Zu seinen berühmtesten Motiven zählen *La Comédie Italienne* von 1962, *Napoléon* von 1963, *Cosmos* von 1964 und *La Promenade de Longchamps* von 1965. Ledoux hat den Stil der Hermès-*Carrés* maßgeblich geprägt, indem er sie in kleine Meisterwerke verwandelte, deren raffinierte, nostalgische Motive in aufregende ferne Welten entführen.

Seither haben Hunderte von Stylisten, Grafikdesignern, Illustratoren und Künstlern mit ihrer Gestaltungskraft die Grenzen der Form des Quadrats und des Materials mit einer Vielzahl faszinierender Darstellungen gesprengt: Jedes *Carré* hat einen Namen, erzählt eine Geschichte oder lässt in eine faszinierende Welt blicken.

Oben – Seidentuch *Napoléon* von Hermès, Design Philippe Ledoux, 1964. Dieses *Carré* zeigt Symbole und Insignien aus napoleonischer Zeit: Uniformen, Säbel, einen Zweispitz, Adler, Lorbeerkränze, Reiter zu Pferd und Bienen als Symbol des napoleonischen Kaiserreichs.

Unten – Seidentuch *Cosmos* von Hermès, Design Philippe Ledoux, 1964. Alle vier Ecken des *Carrés* ziert der römische Sonnengott Apollo als Wagenlenker eines prächtigen Vierspänners, im Zentrum ist eine Armillarsphäre zu sehen.

Seidentuch *Armes de Chasse* von Hermès, Design Philippe Ledoux, 1970. Im Hintergrund zeigt es eine Jagdszene – zwei Jäger zu Pferd, Jagdhunde und Hirsche –, während im Vordergrund gekreuzte Schwerter dominieren.

Seidentuch *Les Robes* von Hermès, Design Philippe Ledoux, 1968. Die Pferde und ihre unterschiedlichen Fellfarben werden anhand von neun Figurinen dargestellt.

Seidentuch *Reprise* von Hermès, Design Philippe Ledoux, 1970. Die Illustrationen auf dem Tuch zeigen Dressurreiter in Kostümen aus dem 18. Jahrhundert. Dargestellt sind die Grundgangarten Schritt und Trab.

Seidentuch *Grand Carrosse pour un Ambassadeur* von Hermès, Design Lise Coutin, 1961. Eine Kutsche aus dem 18. Jahrhundert mit aufwendigen vergoldeten Verzierungen und Adelswappen, wie sie zur Beförderung wichtiger Persönlichkeiten, etwa eines Botschafters, bestimmt war, steht im Mittelpunkt des Designs.

Seidentuch *Astrologie – Dies et Hore* von Hermès, Design Francoise Faconnet, 1963. Eine Darstellung des Tierkreises aus der Renaissance, die im Museum des Pariser Observatoriums aufbewahrt wird, inspirierte zu diesem *Carré*.

Die Narration aus sich wiederholenden Themen und Bildern sowie die Kontinuität der Bezüge sind es, die das rätselhafte Universum der Hermès-*Carrés* so interessant machen und den Interpretationen freien Raum lassen.

Manchen Themen finden sich auf den Seidentüchern immer wieder: solche aus der Welt des Reitsports, aber auch der Mobilität, wie Kutschen, Autos und Segelschiffe, der Flora und Fauna ebenso wie historische Motive besonders aus napoleonischer Zeit. Wieder andere Motive sind allein der Fantasie ihrer jeweiligen Schöpfer entsprungen.

Heute umfasst das Hermès-Archiv etwa 2500 Designs – und noch einige mehr, berücksichtigt man die vielen Farbvarianten. Sie alle zu präsentieren ist unmöglich, daher wurde für dieses Buch eine Auswahl getroffen, die einige Klassiker oder Bestseller umfasst und unvermeidlicherweise subjektiv ist.

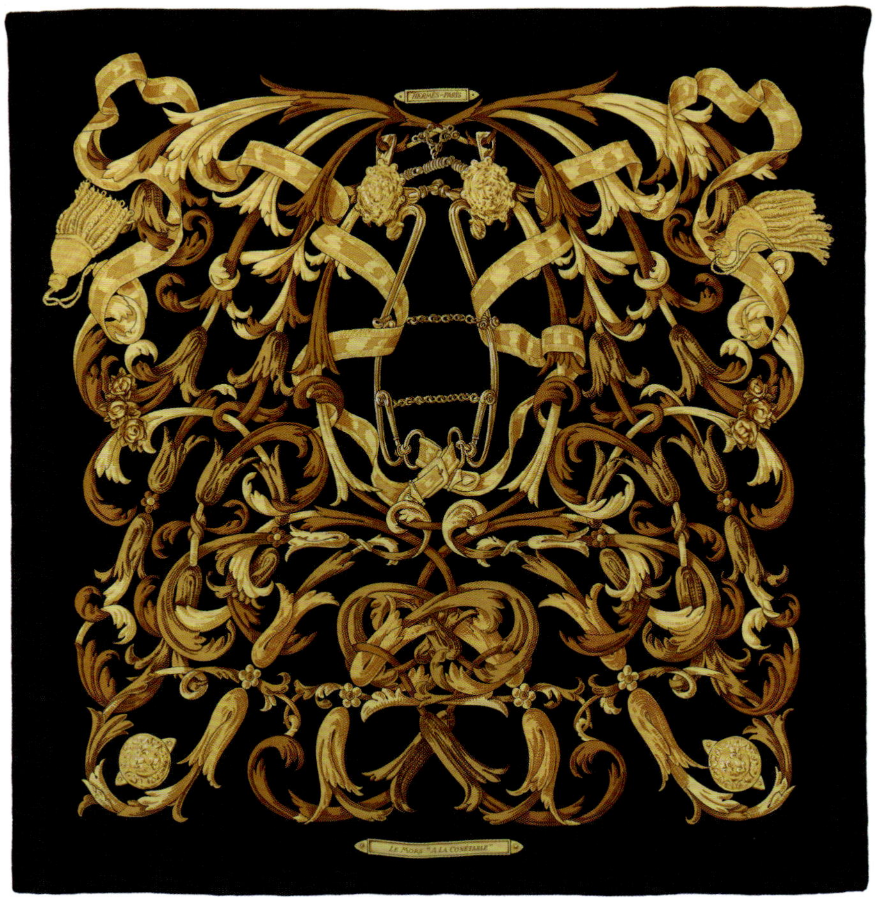

Oben – Seidentuch *Les Mors a La Conétable* von Hermès, Design Henri D'Origny, 1970. Dieses *Carré* feiert die Trense als zentrales Instrument der Reitkunst in einer komplexen Komposition aus Trense, Laub, Quasten und Wappen.

Rechts – Seidentuch *Mors à Jouets* von Hermès, Design Henri d'Origny, 2000er Jahre. Die mit den Zügeln verbundene Trense wird dem Pferd ins Maul gelegt, sodass es geführt werden kann. Sind daran kleine Metalltropfen befestigt, die den Speichelfluss des Tieres fördern und die Akzeptanz der Trense erleichtern sollen, wird sie als *Jouet* bezeichnet. Dieses Detail ziert das *Carrée*, um seinen Mittelpunkt diagonal gespiegelt und leicht vergrößert, vier Mal.

Der franko-ukrainische Grafikdesigner Adolphe Mouron (Pseudonym „Cassandre") schuf die Designs *Perspective* von 1951, ein architektonisches Motiv, und *Literature* von 1952, eine Hommage an das Grafikdesign und die Typografie. Ersteres spielt mit optischen Täuschungen und Tiefe und erzeugt auf der Seide den Eindruck von Dynamik; Zweiteres hingegen zelebriert die Schönheit von Buchstaben und Schrift und verwandelt Wörter in visuelle Kunst.

Die Zusammenarbeit von Hermès mit dem Maler Henri de Linarès brachte Seidentücher von klassischer Eleganz voller naturnaher Details hervor, inspiriert von der Jagd und der Tierwelt. Zu den gesuchtesten Sammlerstücken zählen *Plumes* von 1953 und *Chasse à Vol* von 1962.

Die Kooperation des Illustrators Henri d'Origny mit Hermès begann 1958. Er entwarf elegante und verspielte Motive, die in erster Linie von der Welt des Pferdesports inspiriert sind.

MORS
à
JOUETS
HERMÈS SELLIER PARIS

Seidentuch *Gibiers* von Hermès, Design Henri de Linarès, 1966. Der für seine detailreichen Tierdarstellungen bekannte de Linarès ließ sich hier von Vogel- und Jagdmotiven inspirieren.

Seidentuch *Selles à Housse* von Hermès, Design Christiane Vauzelles, 1967. Vier prächtige Pferdesättel mit ebensolchen Schabracken, im Zentrum ein Steigbügel mit gekreuzten Sattelgurten und vier Hs als grafisch verbindenden Elementen.

Sehr begehrte Seidentücher sind auch *Les Bassets* von 1956 mit Dackelporträts von Xavier de Pont und *Les Leopards* von Christiane Vauzelles aus dem Jahr 1967. *Les Leopards* wurde zu einem Motiv, das Hermès im Laufe der Jahre auf vielen weiteren seiner Produkte wie Strandtüchern und Deko-Objekten immer wieder verwendete.

Ab den 1950er Jahren arbeitete Hermès mit der englischen Künstlerin Caty Latham zusammen, die die Kollektionen durch zarte poetische Designs bereicherte. Oft sind sie von Pflanzen und Tieren inspiriert, aber auch von Welten, in denen Realismus und Fantasie ineinanderfließen.

Zu Lathams[3] bemerkenswertesten Kreationen zählt *Les Clefs* von 1956, eine strahlenförmige Anordnung alter Schlüssel in einer dynamisch-geometrischen Komposition. Es gehört zu jenen Designs, die jahrelang verwendet wurden.

Ledoux' Neffe Vladimir Rybaltchenko, genannt „Rybal", arbeitete ab den 1970er Jahren ebenfalls für Hermès und vereinte einen visionären Stil mit einer kräftigen Farbpalette. Seine perfekte Balance aus Fantasie und Tradition verlieh den *Carrés* von Hermès eine einzigartige künstlerische Dimension. Eines seiner berühmtesten Motive ist *Les Cavaliers d'Or* von 1975.

Seidentuch *Caraïbes* von Hermès, Design Christiane Vauzelles, 1970. Dieses charmante *Carré* zeigt eine abwechslungsreiche Komposition tropischer Vögel und Pflanzen.

Seidentuch *Washington's Carriage* von Hermès, Design Caty Latham, 1978. Kutschenräder sind die Hauptdarsteller dieser grafischen Komposition, in der die Farben Rot, Weiß, Blau und Gelb (für Gold) den Ton angeben.

© HERMÈS

LES CAVALIERS D'OR

Seidentuch *Les Cavaliers D'Or* von Hermès, Design Vladimir Rybaltchenko. 1975. Das *Carré* zeigt ein skythisches Pektcral aus dem 4. Jahrhundert v. Chr. und weiteren antiken Goldschmuck, der in den 1970er Jahren in der Ukraine gefunden wurde.

Seidentuch *Circus* von Hermès, Design Annie Faivre, 1982. Thema dieses *Carrés* ist die Zirkuswelt: im Zentrum Raubkatzen und Akrobaten in einem Rahmen aus Posamentenborten. Farben und Formen sind vom Art déco inspiriert.

Seidentuch *Les Tambours* von Hermès, Design Joachim Metz, 1989. Auch hier ein Rahmen aus Posamentenborten, in dessen Zentrum reich verzierte Militärtrommeln und Trommelstöcke zu bewundern sind.

Au delà des cinq Mers
HERMÈS-PARIS
AFRICA
INDIA
Mar Indico

Fantastische Welten

In den 1980er und 1990er Jahren wurden *Carrés* von Hermès zu echten Statussymbolen. Berühmte Menschen und Persönlichkeiten von Einfluss trugen die Seidentücher und festigten so deren Status als unverzichtbares Luxusaccessoire.

1979 lancierte Jean-Louis Hermès eine Werbekampagne mit einem Mannequin in schlichter Jeansjacke, die durch ein um den Hals geschlungenes Seidentuch veredelt wurde. Im selben Jahr kam auch das erste *Carré* von Annie Faivre auf den Markt. Die Künstlerin schuf mit ihrem außergewöhnlichen grafischen Gespür eine Reihe von abstrakten geometrischen Motiven, die vom Art déco inspiriert waren. Zu ihren 40 Designs für das Haus Hermès zählen *Sur un Tapis Volant* von 2006, das die verschlungene Ornamentik von Perserteppichen aufgreift, und *Chemin de Corail* von 2016 mit einer rätselhaften Symbolik, die eine fantastische, bunte Korallenwelt in ihrer ganzen Zerbrechlichkeit darstellt.

1984 arbeitete der Künstler Kermit Oliver als erster Amerikaner mit dem Modehaus zusammen. Seine *Carrés* zeichnen sich durch erzählerische Komplexität und ihre Liebe zum Detail aus. Oft beziehen sich seine Motive auf die Geschichte der Vereinigten Staaten von Amerika sowie die Tierwelt und die Symbole amerikanischer Traditionen. Sein erstes Design, *Pani La Shar Pawnee* (1984), ist eine Hommage an den Stamm der Pawnee-Indianer, der im späten 19. Jahrhundert aus Kansas und Nebraska nach Oklahoma deportiert wurde. *Flore et Faune du Texas,* aufgelegt anlässlich des 150. Jahrestages der Gründung des Bundesstaates Texas, zeigt über 50 Tiere.

Seidentuch *Au-Delà des cinq Mers* von Hermès, Design Laurence Toutsy Bourthoumieux, 1998. Dieses *Carré* thematisiert die Erforschung der Meere mit viel Fantasie und großem Detailreichtum. Das Segelschiff mit dem Kapitän im Zentrum, der von einem Engel und Fabelwesen geleitetet wird, ist von Karavellen, Land- und Seekarten sowie Astrolabien eingerahmt.

Seidentuch *La Vie Précieuse de la Méditerranée* von Hermès, Design Robert Dallet, erstmals 1992 erschienen, 2001 neu aufgelegt. Das *Carré* zeigt die Fisch- und Vogelwelt des Mittelmeers in einer eindrucksvollen Komposition.

Tropische Welten und ihre Flora und Fauna sind zentrale Themen von Robert Dallet, der sein Leben dem Studium der faszinierenden Tierwelt verschrieben hat. 1988 entwarf er *Equateur* und 1992 *La Vie Précieuse de la Méditerranée.*

Dimitri Rybaltchenko, Sohn von Vladimir und Großneffe von Philippe Ledoux, setzte die Familientradition als Designer für Hermès fort. Seine Seidentücher zeichnen sich durch eine traumhafte Note und Modernität aus. Kennzeichnend sind seine ausgewogenen Kompositionen mit subtilen Details und kühnen Farben. Zu seinen berühmtesten Kreationen zählen *Noel au 24 Faubourg* von 2004, das in elf Farbvarianten den weihnachtlichen Hauptsitz des Hauses Hermès in einer Schneekugel zeigt, die von Tannenzweigen und Dekorationsartikeln eingerahmt ist, und *Prieres au Vent,* auf dem buddhistische Pilger in einem in den vier Ecken durch Gebetsmühlen verankerten Kreis um eine Stupa wandeln, ein buddhistisches Heiligtum und ein Ort der Meditation. Ein weiteres, weniger poetisch als ironisch gemeintes Stück ist *Please, Check In* von 2009, das 2020 neu aufgelegt wurde.

Seidentuch *Carpe Diem* von Hermès, Design Joachim Metz, 1994. Dieses *Carré* mit einer prächtigen Sonnenuhr im Mittelpunkt greift die Themen Vergänglichkeit, Tag und Nacht auf. Die Botschaft ist klar: Nutze den Tag!

CARPE DIEM
X
XI
XII
I
II
HERMÈS PARIS

HERMÈS-PARIS

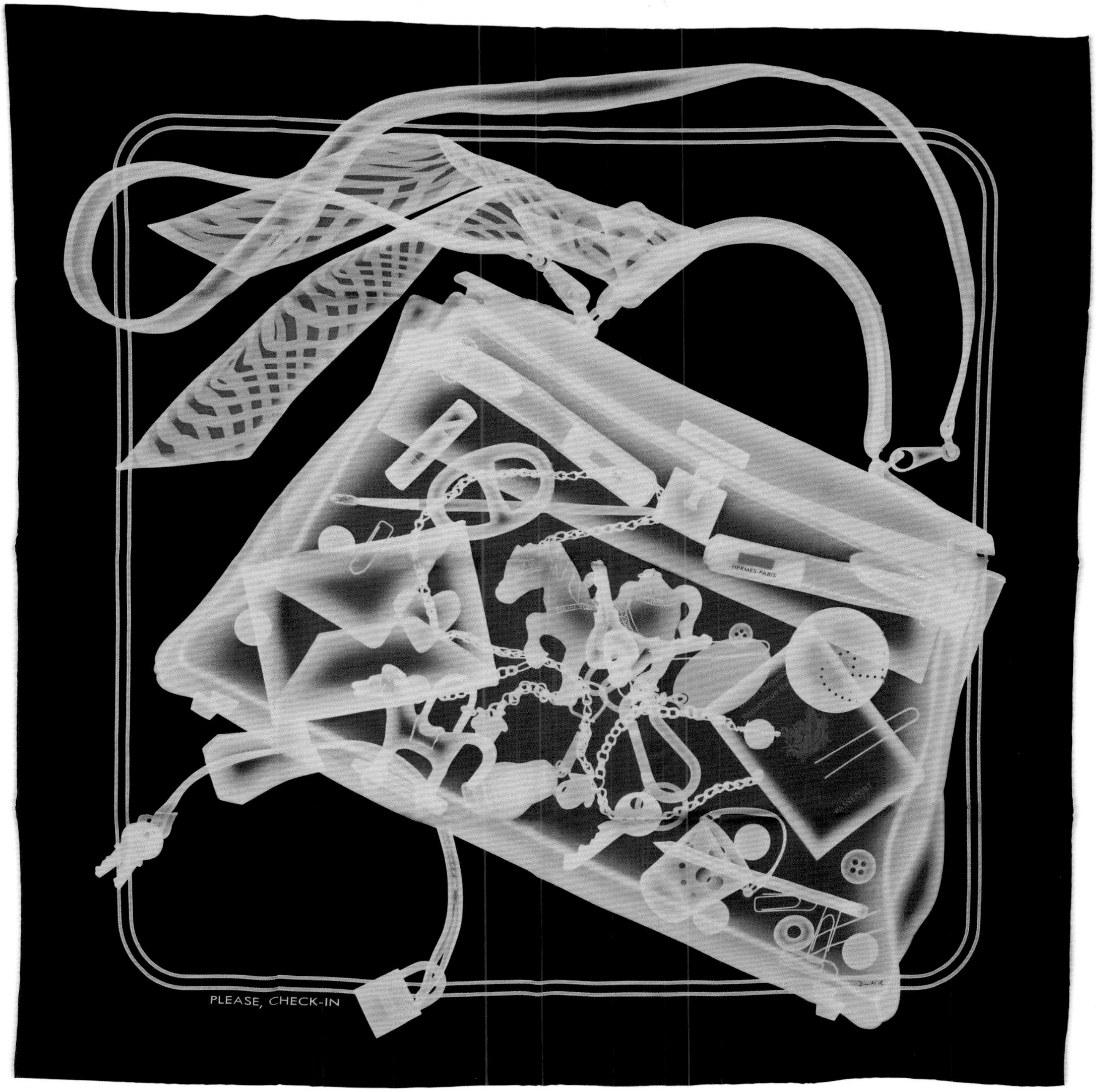

Seidentuch *Please, Check In* von Hermès, Design Dimitri Rybaltchenko, 2020. Das *Carré* setzt sich augenzwinkernd mit den Sicherheitskontrollen im modernen Flugverkehr auseinander. Hier wird der Inhalt einer *Kelly* gescannt: Souvenirs, Schlüssel, Glücksbringer, Reisepass und Lippenstift sind wie auf einem Röntgenbild zu sehen, aber auch die Metallteile der Tasche: Schlüssel, Vorhängeschloss, Metallfüßchen und das Schlüsseletui (*Clochette*), das mit Lederriemchen am Henkel befestigt ist.

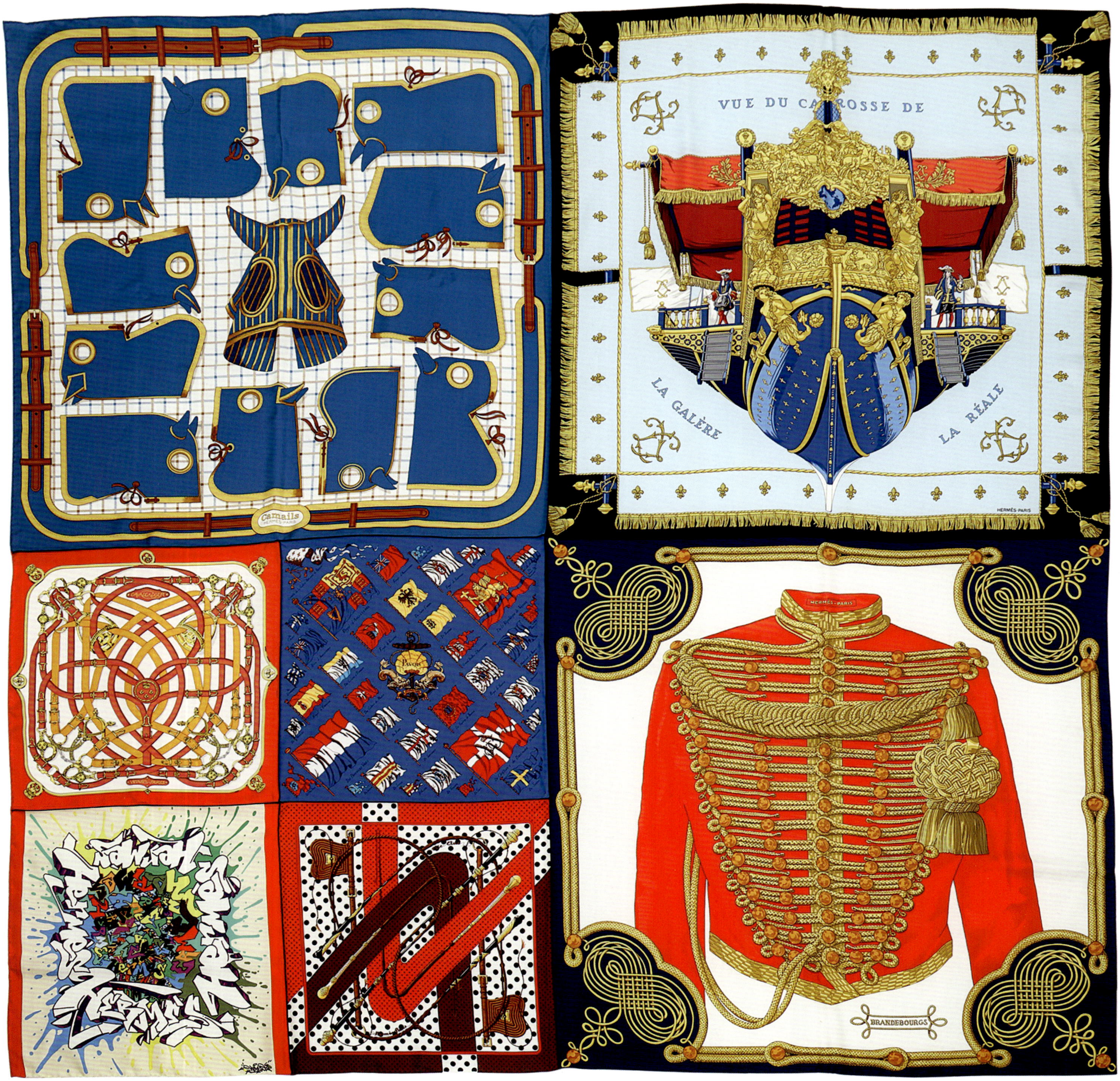
Camails
LA GALÈRE
LA RÉALE
HERMÈS-PARIS
BRANDEBOURGS

Der Wert der Tradition

Von 2009 bis 2020 hieß die künstlerische Leiterin der Damenkollektionen bei Hermès Bali Barret. Die französische Designerin und Allrounderin mit exzellentem Gespür für Mode und zeitgenössische Kunst spielte eine zentrale Rolle bei der Modernisierung der Marke. Ihre innovativen künstlerischen Visionen prägten die Neuinterpretation der ästhetischen Codes von Hermès. Unter Rückgriff auf die Hermès-Archive vereinte Barret Klassik und Moderne. Sie brachte verschiedene Kooperationen auf den Weg, die das Seidentuch auch für die jüngere Generation attraktiv machten. Aus der Kooperation mit dem Kaufhaus Liberty in London ging 2009 ein Seidentuch hervor, das Hugo Grygkars archiviertes *Ex Libris*-Design mit einem für das englische Kaufhaus charakteristischen Blumenmuster kombinierte.

In Kooperation mit der Pariser Boutique Colette entstand 2010 eine Reihe von Seidentüchern in limitierter Auflage. Mit überraschenden Farbgebungen und Motiven erzählen sie symbolträchtige Geschichten.

Eine weitere von Barret aufgebaute Partnerschaft war die mit der legendären Designerin Rei Kawakubo des französischen Modelabels Comme des Garçons. So entstand die *Comme des Carrés*-Sonderkollektion, die 2013 mit zwei Linien vorgestellt wurde: der sogenannten *Couleur*-Linie mit sechs verschiedenen Farbdesigns und verspielten abstrakten Motiven, die ausschließlich in London und Tokio verkauft wurde; und der *Noir et Blanc*-Linie, bestehend aus fünf verschiedenen Motiven in Schwarz-Weiß, die nur in Comme des Garçons-Geschäften erhältlich war.

Seidentuch *Comme des Carrés* von Hermès, Design Comme des Garçons in einer limitierten Auflage von 200 Stück, Format 180 x 180 Zentimeter – doppelt so groß wie die traditionellen *Carrés*, 2013.

Hermès,
contemporary artisan
since 1837.
HERMÈS
PARIS

Seidentuch *Cosmogonie Apache* von Hermès, Design Antoine Tzapoff, 2011. Das Tuch zeigt einen stolzen Krieger aus den White Mountains, umgeben von traditionellem Federschmuck der Apachen. Mit über 45 verwendeten Farben zählt es zu den aufwendigsten Seidentüchern von Hermès.

Im Jahr 2020 wurde Cécile Pesce Kreativdirektorin für Damenseide.[4] Sie bevorzugte eine lebhafte Farbpalette und sorgfältige Kompositionen, die Emotionen zu wecken vermochten. Pesce begeisterte sich für den Stil der Grafikdesignerin und Illustratorin Virginie Jamin. Deren farbenfrohe Seidentücher sind oft von Legenden oder märchenhaften Welten inspiriert, die sich dem Betrachter erst allmählich offenbaren, wie die schwingenden Röcke der Tänzerinnen auf *Belles du Mexique* oder die Militäruniformen aus dem 18. Jahrhundert auf *Zouaves et Dragons.*

Die Illustratorin Katie Scott, die sich für die Natur begeistert und für ihre botanischen Themen bekannt ist, schuf unter Leitung von Cécil Pesce leuchtende, farbenfrohe Welten aus Pflanzen und Tieren, deren Darstellung Fantasie und Realität vermischte.

Seidentuch *La Folle Parade* von Hermès, Design Claire Fanjul, 2020. Eine Gravur aus dem 18. Jahrhundert mit einem römischen Prachtwagen inspirierte Claire Fanjul zur Gestaltung der *Folle Parade.* Im Zentrum des *Carrés* ist eine Kutsche mit zahlreichen Türmchen zu sehen, die von einem karnevalesk verkleideten und maskierten Pferd gezogen wird.

Zouaves et Dragons, Stola aus Kaschmir und Seide von Hermès, Design Virgine Jamin, 2020. Die Uniformen des *Corps des Zouaves*, einer französischen Infanterieeinheit mit Elitecharakter, und der Dragoner, der Kavalleriesoldaten, die zu Fuß unc zu Pferd kämpften, gaben diesem *Carré* seinen Namen.

INDEX PALMARUM
HERMÈS PARIS

Links – Kaschmirtuch *Index Palmarum* von Hermès, Design Katie Scott, 2019. Katie Scott ließ sich von der *Historia Naturalis Palmarum* inspirieren, einem Werk des deutschen Botanikers, Ethnographen und Forschers Carl Friedrich Philipp von Martius aus dem 19. Jahrhundert. Die Designerin stellte einige Exemplare aus der Familie der Palmen in der Tradition botanischer Studien nebeneinander und griff einige Arten auf, die für sie den „Inbegriff des Exotismus“ darstellten.

Oben – Seidentuch *Toucans de Paradis* von Hermès, Design Katie Scott, 2020. Dieses *Carré* hat das Format 140 x 140 Zentimeter. Tukane sind in den tropischen Regionen von Mittel- und Südamerikas, besonders im Amazonasgebiet, heimisch. Katie Scott hat diese Vögel durch Gefieder, das dem von Paradiesvögeln und Pfauen entlehrt ist, in eine imaginären Spezies verwandelt.

Seit 2012 zählt Alice Shirley zu den beliebtesten Designerinnen des Modehauses. Mit Pinsel und leuchtenden Farben zelebriert sie die Natur.

Die von der Fauna und Flora Afrikas inspirierten Entwürfe von Ardmore Artists für Hermès sprühen nur so vor Farbe und Vitalität. Die großformatigen Carrés *La Marche du Zambèse* von 2016 und *Flowers of South Africa* sind besonders begehrt.[5]

Die Entwürfe des Duos Octave Marsal und Théo de Gueltzl fallen mit grafischen Motiven und überraschenden Details ins Auge. Ihre Kreationen spielen mit geometrischen Mustern und der Welt der Natur und verschmelzen präzise Linien mit organischen Formen zu einzigartiger Harmonie. Ihr *L'Ombre de Pivoines* (2019) wird als „Invasion der Blumen in die Stadt" beschrieben.

So haben viele Kreative den *Carrés* ihre jeweilige individuelle Note verliehen und sie als quadratische Leinwand begriffen, auf der sie ihren künstlerischen Visionen Ausdruck verleihen konnten.

Kunst und neue Technik

In der facettenreichen Kreativwelt von Hermès führte das 2005 aufgenommene Format *Hermès Editeur* zu einer Reihe von Kooperationen mit zeitgenössischen Künstlern und bereicherte die *Carrés* seither um neue Aspekte.

Der erste Künstler in dieser Reihe war der Maler Josef Albers, Meister der Abstraktion und der Farbtheorie. Seine Kollektion *Hommage au Carré* mit sechs Motiven wurde in einer limitierten Auflage von jeweils 200 Stück gedruckt.[6] Mit höchster Präzision wurden seine geometrischen Kompositionen und chromatischen Experimente auf Seide übertragen. So entstanden *Carrés*, die durch Kontraste und Farbvariationen mit der visuellen Wahrnehmung spielen.

Aus der Kooperation mit dem Maler und Bildhauer Daniel Buren[7], der für seine Streifenbilder und begehbaren Installationen bekannt ist, entstand die Kollektion *Photo-souvenirs au Carré*, eine Serie aus 365 Unikaten, die zwei bis vier unterschiedliche Ausschnitte aus 22 Fotografien zeigen und von 18 verschiedenen Rahmen aus farbigen Streifen eingefasst sind, einem Markenzeichen des Künstlers. Die Rahmen bilden eine optische Konstante, die zugleich verbindet und abgrenzt. So verwandelte Buren das Seidentuch in ein visuelles Interaktionsfeld, in dem Linien und Formen faszinierende optische Effekte erzeugen.[8]

Im Jahr 2012 brachte *Hermès Éditeur* mit seiner dritten Kooperation eine neue limitierte Auflage von *Carrés* unter dem Namen *Couleurs de l'Ombre* heraus, die der Künstler Hiroshi Sugimoto gestaltet hatte.[9] Zehn Jahre lang hatte Sugimoto mittels eines riesigen Prismas Farben an seine Atelierwände projiziert und mit einer Polaroid-Kamera festgehalten. Aus diesen Prismen-Bildern wählten er und Pierre-Alexis Dumas 20 Motive aus, die auf Seide übertragen wurden. Als Ergebnis erschien eine streng limitierte Edition aus 20 Carrés in jeweils sieben Exemplaren, insgesamt also 140 Carrés im Format 140 x 140 Zentimeter. Die Übertragung der unendlich anmutenden Farbschattierungen und immateriellen Farbtöne im Tintenstrahlverfahren auf leichten Seidentwill war eine enorme technische Herausforderung.

2016 kooperierte *Hermès Éditeur* mit dem argentinischen Maler Julio Le Parc, einem Pionier der Kinetischen Kunst.[10] Seine Entwürfe sorgen durch optische Täuschungen für die dynamische Neuinterpretation des Seiden-*Carrés*. Die Kollektion *Variations Autour de La Longue Marche* besteht aus zehn Serien mit jeweils sechs einzigartigen *Carrés* im Format 90 x 90 Zentimeter. Je nach Perspektive scheinen Le Parcs Designs zu tanzen und sich zu verändern.

Hermès Éditeur zeigt beispielhaft, wie sich das Modehaus immer wieder neu erfindet und den Dialog zwischen Mode und Kunst anstrebt.

Links und folgende Doppelseite – Vielfarbiges Seidentuch *Faubourg Tropical* von Hermès, Design Octave Marsal und Théo de Gueltzl, 2021. Dieses *Carré* zelebriert eine exotische, vibrierende Natur. Detailreich und in bunten Farben stellt es den Hauptsitz von Hermès in einem imaginären tropischen Garten dar.

FAVBOVRG
TROPICAL

HERMÈS
PARIS
© HERMÈS
OCTAVE MARSAL
THÉO DE GUELTZL

Das Design eines *Carrés* aus Seidentwill wird nicht selten in einem monate-, manchmal jahrelangen Prozess von Künstlern und Illustratoren entwickelt.

Raffinierte Technik

Ein Alleinstellungsmerkmal der Hermès-*Carrés* ist die außergewöhnliche Handwerkskunst, mit der sie gefertigt werden. Die Herstellung eines Tuchs kann, vom Konzept bis zur Produktionsreife, 18 Monate bis zwei Jahre dauern.

Die Phase der Gestaltung vom ersten Entwurf bis zur endgültigen Farbgebung beansprucht drei bis sechs Monate. Weitere sechs bis zwölf Monate erfordert die Herstellung der sogenannten „Gravur", also das Trennen aller Farben der Bildvorlage in Schichten zur Herstellung eines Films je Farbton. Meisterdrucker in Lyon zeichnen alles von Hand neu, um jede einzelne Farbe korrekt zuzuordnen. Anschließend erstellen sie die Siebdruckrahmen, und ein Team von Koloristen überträgt das Motiv Schicht für Schicht, Ebene für Ebene auf die Seide, was weitere sechs Monate beansprucht. Es wird getestet, überarbeitet, korrigiert und verbessert, und das bei zehn bis zwölf Farbvarianten pro Design.[11]

Jedes Seidentuch ist das Ergebnis sorgfältiger Handarbeit. Allein der manuelle Siebdruck kann für jede verwendete Farbe Wochen dauern.

Die verarbeitete Seide ist von höchster Qualität: 300 Seidenraupen-Kokons werden für den vier Kilometer langen Seidenfaden benötigt, der für die Produktion eines einzigen Tuchs von nur 65 Gramm Gewicht erforderlich ist.

Das erste Carré von Hermès maß 90 x 90 Zentimeter. Dieses Format wurde zum Standard, der inzwischen durch weitere Größen ergänzt wurde.[12] Die quadratische Form ist eine Herausforderung für die Herstellung. Der Textilingenieur Marcel Gandit aus Lyon war der Mann, der die Apparatur zur Produktion eines der berühmtesten Accessoires der Modewelt schuf. 1948 ließ er ein quadratisches Drucksystem patentieren, das jedes einzelne Detail des Originalentwurfs perfekt nachbilden konnte.

Das Siebdruckverfahren, mit dem die Kompositionen auf die Tücher aus Seidentwill aufgebracht werden, erfordert höchste Präzision und Liebe zum Detail. Jede Farbe wird einzeln aufgetragen, sodass die Fertigung eines einzigen *Carrés* bis zu 40 Siebe erfordern kann.

Ausgehend von dem Werk einer Künstlerin oder eines Künstlers wird das Design in aufwendiger und oft langwieriger Kleinarbeit für den Siebdruck vorbereitet.

Links – Bei dieser Technik wird die Farbe mithilfe eines Rakels direkt auf den Stoff gepresst. Dieses Verfahren vereint Kunsthandwerk und Wissenschaft, denn der Druck, der Winkel und die Geschwindigkeit des Rakels sind Variablen, die der Siebdrucker mit äußerster Präzision handhaben muss, um eine gleichmäßige Farbabdeckung und scharf umrissene Details zu erhalten.

Oben – Das Siebdruckverfahren verwendet für jede Druckfarbe ein eigenes Sieb mit genau abgegrenzten Bereichen, mit dessen Hilfe das unter dem Siebdruckrahmen liegende Tuch gefärbt wird. Je Farbe muss ein individuelles Sieb angefertigt werden. Die Anzahl der Farben eines Designs ist also ausschlaggebend für die Anzahl der Siebe und der Druckvorgänge.

Der Siebdruck garantiert nicht nur lebhafte, sondern auch langlebige Farben.

Den letzten Schliff erhalten die Tücher durch das kunstvolle Handrollieren ihres Saumes – ein raffiniertes Merkmal jedes Hermès-*Carrés*.

Im Laufe der Jahre hat Hermès beidseitig bedruckte Seidentücher, *Carrés* mit „Tattos" – Applikationen aus Satinfäden – und Tücher mit Fransen und gerüschten Borten herausgebracht.[13] Jedes Jahr präsentiert Hermès in zwei saisonalen Kollektionen zehn bis zwölf neue Designs. Dabei werden Neukreationen mit Neuauflagen klassischer Designs kombiniert, sodass Innovation und Tradition sich die Waage halten.

Die Geschichte der Hermès-*Carrés* wurzelt zwar in der Vergangenheit, aber in Richtung Zukunft öffnen sich immer neuen Welten.

Heute werden die quadratischen Seidentücher von Hermès auf viele Arten getragen: um den Hals, als Stirnband, als Haarband, um den Arm oder das Handgelenk gebunden, an eine Tasche geknotet oder als Gürtel – jede Variante definiert den persönlichen Stil ihrer Trägerin. Wie Diana Vreeland, eine große Bewunderin der Marke, einmal sagte: „Leg es einfach an, ohne in den Spiegel zu schauen." Damit hebt dieses kostbare Accessoire die Grenze zwischen Schönheit und Wohlbefinden ganz unkompliziert auf.

BR

Taschen

Werbekampagne für die ikonische *Kelly* Bag, die auf die lange Geschichte dieses Taschenmodells eingeht. *American fashion magazine*, um 1983.

DAS UNVERZICHTBARE PERSÖNLICHE ACCESSOIRE

....

Angesichts des umfangreichen Taschen-Universums von Hermès ist klar, dass nicht alle Modelle Erwähnung finden können. Neben den Ikonen werden nur jene Taschen vorgestellt, die aufgrund ihrer Geschichte und ihres Designs Aufmerksamkeit verdienen.

Handtaschen haben in der Damenmode eine lange und vielfältige Geschichte. Vom einfachen Behältnis bis zum modischen Statement hat dieses Accessoire Epochen und Kulturen überdauert und sich einen zentralen Platz in der Definition eines Looks erobert.

Taschen bewahren Geheimnisse und Privates. Ob rein praktisches oder schmückendes Objekt – die Tasche gehört mit zu den persönlichsten Gegenständen eines Menschen. In ihrem Inneren verbirgt eine Tasche etwas, das einer Person wichtig ist, das diese immer mit sich tragen, aber nicht unbedingt mit anderen teilen möchte. Taschen sind Privatsphäre, ihr Inhalt ist persönlich. Wie schrieb Sigmund Freuds einst in seiner *Einführung in die Psychoanalyse:* „Das weibliche Genitale wird symbolisch dargestellt durch alle jene Objekte, die seine Eigenschaft teilen, einen Hohlraum einzuschließen, der etwas in sich aufnehmen kann.“[1] Zu diesen Objekten zählen auch Taschen.

Obwohl die Symbolik der Tasche weiblich aufgeladen ist, werden Taschen von Frauen und Männern gleichermaßen verwendet. Tatsächlich besaßen Männer seit jeher vor allem ein praktisches Transportbehältnis, da sie zum Zwecke des Handels, der Politik oder als Soldaten umherreisten und in der Welt unterwegs waren, während Frauen ihr Leben größtenteils innerhalb des Hauses verbrachten.

Da in Taschen seit jeher häufig Zahlungsmittel oder wichtige Dokumente transportiert wurden, hat man ihnen einen hohen Wert beigemessen. Nicht von ungefähr stellte das Sprichwort „Geld oder Leben“ beide auf eine Stufe.

Auch im übertragenen Sinne stehen Taschen für Status und Reichtum, weshalb sie in Idiomen vorkommen, in denen sie Geld symbolisieren oder mit Geld in Verbindung gebracht werden, etwa wenn es heißt, dass wir für etwas „tief in die Tasche greifen müssen.“

Eine Person kann durch ihrer Tasche Stil beweisen und ihre soziale Stellung betonen.

"L'Art indien des plaines" silk twill scarf. "Kelly" bag in matt alligator skin.
Riding jacket and trousers in deerskin leather. Boots in box calf. Hooded zipped cardigan in "Calèche" dévoré velvet. "Kelly" mini clutch bag in matt alligator skin.

HERMÈS - PARIS
EVERYTHING CHANGES
BUT NOTHING CHANGES.
HERMÈS
PARIS

Vom Gebrauchsgegenstand zum Luxusartikel

Abgesehen von den symbolischen Überlegungen fanden Taschen im frühen 20. Jahrhundert, als die Frauen ein zunehmend selbstbestimmtes Leben führten, Eingang in die Damenwelt. Bereits damals setzte Hermès weitsichtig auf die Zukunft dieses Accessoires.

Große Unternehmer zeichnen sich oft durch die Fähigkeit aus, ihre Zeit vollständig zu erfassen, die Bedürfnisse der Gesellschaft ihrer Epoche vorausschauend zu erkennen und deren Wünsche durch Produkte zu formen, die sich durch eine bestimmte Ästhetik definieren.

Das traf auch auf Émile-Maurice Hermès zu, als er in den 1920er und 1930er Jahren voraussah, dass Taschen für Frauen künftig eine wichtigere Rolle spielen würden als je zuvor.

In dem Skizzenbuch, das der Autor und Illustrator Philippe Dumas in den 1980er Jahren bis Mitte der 1990er Jahre führte und das Objekte aus der umfangreichen Privatsammlung seines Großvaters Émile-Maurice Hermès zeigt, sind mehrere Seiten kleinen Taschen gewidmet – oder besser gesagt Taschen, die als „Vorfahren der Damenhandtaschen der Zukunft" bezeichnet werden.[2] In dem Notizbuch mit dem Titel *La vie à l'aire libre* sind vier historische Taschen skizziert, darunter der *Sac à plombs* aus der Zeit Ludwigs XV. und *Réticule fin XVIIIème.* Die Materialien jeder Tasche sind angegeben (Seide, Stoff, Metall und Leder) und stellen eine Idee und einen Ausgangspunkt für ihre Herstellung dar. Im Skizzenbuch *La Route* finden sich eine Reisetasche *en tapisserie* aus der Zeit der Romantik und Reisekoffer mit allem, was man für prächtiges Tafeln benötigte, Picknickkörbe und Besteckkästen.[3] Im Heft *L'Exotisme* sind auf zwei ganzen Seiten zahlreiche Umhänge- und Reisetaschen sowie kleine und überaus elegante *Pochettes* abgebildet.[4]

Beim Betrachten dieser Illustrationen wird deutlich, dass Taschen den leidenschaftlichen Sammler Émile-Maurice Hermès ungemein faszinierten und dass diese historischen Exemplare modernen Kreationen als Referenzen dienten. Das Thema Reise, verstanden als Erkundung, Entdeckung des Universums und Freiheit, ist für die Markenphilosophie zentral. Und luxuriöse Accessores waren unerlässlich, um das Reisen, ob zu Pferd, mit der Kutsche, auf dem Seeweg, mit dem Zug oder dem Auto, angenehm und erfreulich zu gestalten.

Zwischen dem späten 19. und dem frühen 20. Jahrhundert kamen Reisetaschen für Damen aus exquisitem Leder mit mehreren Fächern in Mode. Ihr praktisches Design war für Frauen bestimmt, die nun die Welt bereisten und riesige Koffer mit sich führten. 1897 hatte Hermès die Tasche *Haut à Courroies* eingeführt, ursprünglich für den Transport von Zaumzeug und Stiefeln gedacht, in der nun alles Mögliche befördert wurden. Auch Koffer, Kulturbeutel und Schuhkoffer gehörten zum Produktsortiment der Marke Hermès, eine edle Produktreihe für die wenigen Glücklichen, die es sich leisten konnten, die Welt zu bereisen.

Der Erste Weltkrieg brachte jedoch einen radikalen Wendepunkt in der Geschichte der Mode und damit auch in der Geschichte der Damenhandtasche.

Die *Haut à Courroies*, eine Tasche, die ursprünglich für den Transport von Reitstiefeln und Zaumzeug entworfen worden war, zeichnet sich durch vertikale Linien und eine Trapezform aus. Barenia-Naturleder und Canvas in Écru, 2003.

Notgedrungen veränderte sich der Lebensentwurf einer ganze Frauengeneration: aus Hausfrauen wurden Arbeiterinnen, die in zuvor ausschließlich Männern vorbehaltenen Branchen die Wirtschaft ihrer Heimatländer am Laufen hielten. Dabei erfuhren sie, was es bedeutet, eine aktive Rolle in der Gesellschaft zu spielen.[5]

In den 1920er Jahren wurden Frauen unabhängiger und freier. Tagsüber trugen sie zu legeren, kurzen Kleidern kleine, umschlagförmige Taschen aus Materialien wie Antilopen-, Schlangen- oder Krokodilleder mit Gold- oder Silberbeschlägen. Für den Nachmittage fiel die Wahl auf Taschen aus glänzendem Stoff mit Diamant- oder Markasit-Ornamenten, am Abend trug frau zu asymmetrischen Kleidern kleine *Minaudières* aus Metall- oder Edelmetallplättchen mit Edelstein-, Halbedelstein- oder Lackverzierung. Manche Modelle besaßen Trageschlaufen für das Handgelenk.

Werbeanzeige von Hermès aus dem Jahr 1929, die für verschiedene Handtaschenmodelle mit typischen geometrischen Art Déco-Dekors wirbt.

Hermès bot Taschen jedoch weiterhin hauptsächlich für die Frau an, die auf Reisen ging und dafür elegante, große und geräumige Taschen benötigte. Die 1923 entworfene *Bolide,* die als Reisetasche sowohl für Männer als auch Frauen gedacht war, verfügte als erste Tasche der Welt über einen Reißverschluss, den Hermès in den Vereinigten Staaten entdeckt hatte.[6] Ihre abgerundete Form war von den aerodynamischen Kurven der Automobile inspiriert. So passten sie perfekt in den Kofferraum. Ebenfalls als Reisetasche konzipiert war die 1930 von Hermès entworfene *Sac de Dames à Courroies,* eine Weiterentwicklung der Aktentasche für den Mann.

In den 1930er Jahren bekamen Damentaschen mehr Struktur, behielten aber raffinierte Details aus edlen Materialien. Die schmalen Clutches für tagsüber trug man in der Hand oder unter dem Arm. Oft rechteckig oder trapezförmig und von mittlerer Größe, boten sie allem Platz, was die moderne Frau unbedingt brauchte: Geldbörse, Lippenstift und einen kompakten Spiegel. Rindsleder wurde neben Eidechsen- und Krokodilleder zum bevorzugten Material für Tagestaschen, mit Details und Verschlüssen aus edlen Metallen. Dank neuartiger, innovativer Kunstmaterialien wie Galalith und Bakelit konnten Taschen in bisher nicht dagewesenen Designs hergestellt werden. Abendtaschen aber blieben glamourös: Sie waren oft kleiner, aus kostbaren Materialien wie Samt, Seide und Satin gefertigt und mit Kristallen oder goldener Stickerei verziert. Beliebt waren *Minaudières:* starre Kästchen, manche aus Edelmetall mit Diamantbesatz und Innenfächern für Make-up-Accessoires.

Die *Bolide* wurde in den 1920er Jahren eingeführt und wird bis heute gefertigt. Sie ist praktisch und elegant, hat runde Konturen und verfügt über großes Fassungsvermögen. Bis heute ist sie in unterschiedlichen Größen erhältlich.

Während des Zweiten Weltkriegs wirkten sich der Rohstoffmangel und die schwierigen Lebensumstände auch auf die Mode aus. Taschen wurden größer, robuster und funktionaler. Darin mussten persönliche Dinge, aber auch Dokumente und anderes Platz haben, was Frauen benötigten, die jetzt außer Haus arbeiteten. Statt aus Leder überwogen Modelle aus textilen Materialien wie Segeltuch oder Jute. Die Silhouetten wurden schlichter – auch dies eine Antwort auf die Kriegswirtschaft. Dennoch waren die Taschen von Hermès durchaus elegant, dank markanter Linienführung und sorgfältig ausgearbeiteter Details wie sichtbaren Nähten sowie einfachen Metallelementen und Schließen. Als Ende der 1940er Jahre die Wirtschaft wieder in Schwung kam, wurden Taschen erneut zum glanzvollen Accessoire. Strukturierte Handtaschen, oft quadratisch und flach mit kurzen Henkeln und Metallschließen, kamen in Mode. Für den Abend war die Clutch beliebt, oft mit Details wie Stickereien und Perlen.

Die Werbeanzeigen aus jener Zeit machen deutlich, dass Hermès unterschiedliche Stile entwickelte, die dem Wunsch wohlhabender Frauen nach diskreter Eleganz nachkamen.

Doch erst in den 1950er Jahren gelang Hermès der Aufstieg in das glanzvolle Luxussegment der Damenhandtasche: Unternehmerisches Gespür und Glück spielen hierbei zusammen. Als die frisch vermählte Grace Kelly 1956 mit einer *Sac de Dames à Courroies* am Arm fotografiert wurde, kam der Durchbruch. Ihr zu Ehren heißt die Tasche heute *Kelly*.[7] Die Damenhandtaschen der Fünfziger waren elegante Accessoires für Frauen, die wieder weibliche Raffinesse demonstrieren wollten – und Symbole des wirtschaftlichen Aufschwungs. Tagsüber kam bevorzugt eine strukturierte Handtasche zum Einsatz: kompakt und geometrisch, oft trapezförmig oder quadratisch und mit kurzen Henkeln, sodass sie sich am Arm oder in der Hand tragen ließ. Edle Materialien wie Kalbs-, Krokodil- und Eidechsenleder verliehen ihnen makellose Oberflächen. Diskrete Clutches waren beliebte Accessoires für den Abend, auf Bällen und auf Cocktailpartys.

Links – *Kelly Sellier* 32 Vintage aus Courchevel-Leder in Gold, Metallelemente vergoldet. Eine *Kelly* mit sichtbaren Nähten und radikaler Linienführung, 1959.

Rechts – Grace Kelly am 3. Mai 1955 auf dem Flughafen Orly. Die jung vermählte Fürstin Gracia Patricia trägt ein Kostüm von Chanel und die *Sac de Dames à Courroies* von Hermès, die damals noch nicht *Kelly* hieß.

Klassiker im klassischen Stil

Ihre schlichte Ästhetik machte die Tasche *Kelly* zu einer der Ikonen von Hermès.

Ganz im Stil ihrer Entstehungszeit zeichnet sich die *Kelly* durch radikale Linienführung und eine trapezförmige Silhouette aus – mit einem Henkel versehen, sodass sie in der Hand oder am Arm getragen werden kann. Verschlossen wird die Tasche mittels Riemen, die sich über den Überschlag legen lassen, und der ikonischen Touret-Schmuckschließe, in die sich ein dezentes Vorhängeschloss einhängen lässt.

Die Nähte sind im klassischen Sattlerstich vernäht, einem Doppelstich, der viel Geschick erfordert und maximale Haltbarkeit gewährleistet.

Kelly 32 aus Krokodilleder, Metallelemente vergoldet. Hier ein Modell aus den 1940er Jahren. Die *Kelly* ist ein Meisterwerk der Handwerkskunst; jedes Stück wird in etwa 25 Arbeitsstunden aufwendig von Hand gefertigt.

Jede Tasche wird von einem Täschner von Hand gefertigt, der jedes verwendete Stück Leder mit einer Identifikationsnummer kennzeichnet, sodass sich zurückverfolgen lässt, wer die Tasche gefertigt hat. Zur Herstellung jeder einzelnen Tasche werden 18 bis 25 Arbeitsstunden benötigt. Zu den wichtigsten Varianten der *Kelly* gehören die *Sellier* (mit steifen, strukturierten Kanten) und die weichere, rundere *Retourne*.[8] Die Bezeichnung *Sellier* (dt. Sattler) verweist auf die Anfänge von Hermès als führendem Sattler und Zaumzeughersteller des französischen Adels. Die *Kelly Sellier* zeichnet sich durch festeres Leder aus und Sattlernähte, die sowohl aus dekorativen als auch aus funktionalen Gründen sichtbar sind. Das verleiht ihr eine strenge, klare Silhouette. Die Nähte der *Kelly Retourne* dagegen liegen innen und sind durch Paspeln verdeckt, was ihr sanftere Rundungen und einen lässigeren Look verleiht.

Es gibt die *Kelly* in Größen von 40 Zentimetern Bodenmaß bis hin zur Mini-Versionen und in unterschiedlichsten Lederarten wie Box, Clémence, Eidechse, Epsom, Strauß, Swift und Togo. Regelmäßig bringt Hermès Neuinterpretationen aus innovativen Materialien und in neuen Farben heraus.

Allerdings ist eine *Kelly*-Tasche nicht einfach zu bekommen. Im Prinzip muss man schon lange Stammkunde sein. Die Wartezeit kann je nach Verfügbarkeit und Ausführung Monate bis Jahre betragen. Daher erzielen heute Vintage-Taschen und seltene Exemplare astronomische Summen, oft weit über dem ursprünglichen Listenpreis.

Oben – *Kelly Sellier* 32 Vintage aus Courchevel-Leder in Gold, Metallelemente vergoldet. Die *Kelly Sellier* hat sichtbare Sattlernähte und klare Kanten. Diese Tasche wird aufgrund ihrer Langlebigkeit und ihrer zeitlosen Form als langfristige Investition gehandelt.

Unten – *Kelly Retourne* 28 aus Epsom-Leder in Gold, Metallelemente vergoldet. Das Modell *Kelly Retourne* besitzt eine weichere Silhouette. Was den technischen Aufbau betrifft, beginnen alle *Kellys* bei Hermès als *Sellier*, doch die *Kelly Retourne* wird bei der Herstellung von außen nach innen gewendet, daher ihr Beiname *Retourne*, zu Deutsch „gewendet“.

Links – *Kelly* 28 aus Togo-Leder, Farbe *Miel*, Metallelemente vergoldet, 1982.

Rechts – *Kelly* 32 aus Porosus-Krokodilleder, Metallelemente vergoldet, Innenfutter aus braunem Leder, Reißverschluss und zwei Innentaschen, 1992.

Kelly Himalaya 28 aus Niloticus-Krokodilleder, Metallelemente aus Weißgold mit Diamantbesatz, 2021. Eine *Kelly Himalaya* mit Diamantbesatz wurde im November 2021 bei Christie's in Hongkong für vier Millionen Hongkong-Dollar versteigert (damals umgerechnet 515 416 US-Dollar).

Diese *Kelly Himalaya Retourne* 25 aus Niloticus-Krokodilleder, Metallelemente mit Palladiumauflage, erzielte bei der Versteigerung 2022 bei Sotheby's Paris einen Verkaufspreis von 352 800 Euro.

Mini Kelly Verso double 20, Farbe *Feu*, Farbe des Futters *Rose Eglantine*, Metallelemente mit Palladiumauflage, 2019. Die *Kelly Mini II*, eine ultrakompakte Version der *Kelly*, ist bei Sammlern und Modefans sehr beliebt.

Rechts oben – *Mini Kelly Pochette* 22 aus Swift-Leder, Farbe *Blue France*, Metallelemente vergoldet, 2016. Die *Kelly Pochette* von Hermès ist eine kompakte, raffinierte Version der *Kelly*. Sie vefügt über die elegante Silhouette der *Kelly*, ist aber deutlich kleiner.

Rechts unten – *Mini Kelly Pochette* 22 aus Epsom-Leder, Farbe *Rouge Casaque*, Metallelemente mit Palladiumauflage, 2016. Die *Kelly Pochette* verfügt wie alle *Kellys* über eine ikonische Touret-Schmuckschließe, hat jedoch einen kürzeren Henkel.

Die Ära des H

In den 1960er Jahren änderte sich das Aussehen von Handtaschen (und damit auch ihr Design) entsprechend dem damaligen Zeitgeist radikal. Die Modewelt wurde experimentierfreudiger und brachte neue Formen, Materialien und Farben ins Spiel. Passend zum dynamischen Lebensstil der jüngeren Generation wurden Umhängetaschen immer beliebter, die über viele Fächer verfügten und sich mit Reißverschlüssen schließen ließen. Vor diesem Hintergrund entwarf Catherine Chaillet 1967 die *Constance* mit ihrer unverwechselbaren H-Schließe. Auch dieses Modell gehört heute zu den Hermès-Klassiken. Chaillet, die damals schwanger war, nannte die Tasche wie ihre Tochter – Constance.

Bis heute wird die *Constance* in verschiedenen Größen und Farben und aus unterschiedlichen Materialien gefertigt. Bei Modeliebhabern und Sammlern ist die Tasche begehrt. Eine Version dieses Modells ist die *1-24*, benannt nach ihrer Breite von 24 Zentimetern. Damit ist sie etwas größer als andere Versionen der *Constance* und ideal für jene, die sich eine geräumigere Tasche wünschen, die aber immer noch elegant wirken soll und sich ihre Tragbarkeit bewahrt. Die *Constance III Mini* gehört zur dritten Generation der *Constance* (daher die „III"). Bei 18 Zentimetern Breite weist sie die gleiche klassische Silhouette mit leicht abgerundeten Ecken und halbstarrer Struktur auf. Die H-Schließe bleibt Blickfang und unverwechselbares Erkennungsmerkmal der Tasche.

Die *Constance* entstand in den 1960er Jahren und zählt zu den Klassikern von Hermès. Ihre kompakte architektonische Form und der verstellbare Schulterriemen machen sie zur perfekten Tasche für den Alltag ebenso wie für formelle Anlässe.

Ein weiteres typisches Modell der 1960er Jahre ist die *Boutonnière*, die ihren Namen einem Detail aus der Herrenmode verdankt. Als *Boutonnières* werden im Französischen Blumen oder andere dekorative Elemente bezeichnet, die sich Herren bei formellen Anlässen ins Knopfloch stecken.

Das Modell *Garden Party* von 1964, aus Leder und Stoff oder komplett aus Leder, wird bis heute in verschiedenen Größen angeboten.

Die Tasche *Drag* von 1965 hat eine leichte Trapezform, die dem Modell eine elegante Silhouette verleiht. Ihr charakteristischstes Merkmal ist die Doppelschließe. Das ursprünglich als Reisetasche konzipierte und im selben Jahrzehnt eingeführte Modell *Plume* ist von einem Reisebesteckkoffer aus den 1920er Jahren inspiriert. Auch sie wird bis heute gefertigt. Ihre rechteckige Form und die leicht abgerundeten Ecken verleihen ihr schlichte Eleganz. Diese Tasche ist ein Accessoire, das dem Nötigsten ausreichend Platz bietet und wegen ihrer guten Aufteilung für maximale Funktionalität sorgt.

Die *Boutonnière* aus den 1960er Jahren wurde in einer limitierten Auflage gefertigt, was sie zu einem bis heute begehrten Sammlerstück macht.

Garden Party 36 aus Negonda-Canvas und Details aus Taurillon-Clémence-Leder, Farbe *Pourpre Rose*, Metallelemente mit Palladiumauflage, Innenfutter aus Stoff und Leder, 2018. Der Shopper mit den klaren Linien gehört zu den lässigeren Taschen im Hermès-Sortiment.

Plume aus mattschwarzem Porosus-Krokodileder, 2018. Ihre Leichtigkeit, die bereits der Name suggeriert, macht diese Tasche zu einem idealen, stets raffinierten Accessoire für den Alltag. Erhältlich in verschiedenen Größen und Farben, eignet sie sich für die unterschiedlichsten Bedürfnisse und Anlässe.

Lässige Stile

Die Hermès-Taschen der 1970er Jahre besaßen eine weichere Silhouette als die der Fünfziger und Sechziger. Besonders beliebt waren lässige Beutel- und Umhängetaschen, die sich für einen unabhängigen und dynamischen Lebensstil als besonders zweckmäßig erwiesen. Diese Taschen entsprachen den Bedürfnissen einer Generation, die Wert auf Funktionalität legte, ohne auf Ästhetik verzichten zu müssen.

In den Siebzigern entstanden weitere Modelle, die als Klassiker in die Geschichte von Hermès eingingen. Ein Beispiel ist die Clutch *Jige* von 1975. Entworfen von Jean Guerrand, dem Schwiegersohn von Émile Hermès, trägt sie seine Initialen als Namen: *J.G.* Sie zeichnet sich durch einen Überschlag mit einem stilisierten H aus und wird in der Hand getragen. Die *Jige* wird aus verschiedenen feinen Lederarten in unterschiedlichen Größen gefertigt und ist ein weiteres Beispiel für die herausragende Handwerkskunst bei Hermès.

Unten – *Jige* in unterschiedlichen Farben. Das 1975 eingeführte Modell gehört heute zu den Hermès-Klassikern.

Rechts – *Évelyne* aus dunkelbraunem Leder, Metallelemente mit Palladiumauflage, verstellbarer Schulterriemen aus textilem Material, Verschluss Lederlasche mit Druckknopf. Innen braunes Wildleder, Innentasche aus braunem Leder. Einst ein für den Transport von Reitzubehör entwickelter Beutel, heute neu interpretiert als Tasche, die zwischen Funktion und Stil angesiedelt ist.

Ein seit Jahren beliebtes Modell ist die *Évelyne.* 1978 entworfen, wurde sie Évelyne Bertrand gewidmet, der ehemaligen Leiterin der Reitsportabteilung von Hermès. Ursprünglich war das Modell für den Transport von Pferdepflegebedarf gedacht. Die Stanzlöcher im Leder sollten gewährleisten, dass in ihr aufbewahrte Gegenstände trocknen. Ursprünglich besaß die *Évelyne* keine Außentasche, diese kam erst später hinzu.

Zu den von der Hermès-Reitsporttasche auf diese sportliche Alltagstasche übergegangenen Elemente gehören der Schulterriemen und die ovale Hufeisenform.

2016 wurde die *Évelyne Sellier* lanciert, mit neu designten Applikationen, der Prägung, die ein H in einem Diamanten zeigt, und mit polierten, glatten Lederkanten. Inzwischen gibt es auch die Versionen PM und TPM.[9]

Oben – Die *Sac à Malice* aus Leder in der Farbe Blu Royale mit andersfarbigen Leder- und Metallapplikationen. Dieses verspielte Modell mit einem Hauch Ironie wurden in den 1980er Jahren lanchiert und wird bis heute adaptiert.

Rechts – Handtasche *Sac à Malice Space* aus Eidechsenleder und Monsieur-Kalbsleder, Metallelemente mit Palladiumauflage, 2020. Das Motiv der Tasche zeigt ein buntes Raumschiff, das auf einen roten Planeten zusteuert, hinter dem sich geschickt ein Schnappverschluss verbirgt.

Eleganz und Ironie

Die Alltagstasche der 1980er Jahre war oft groß und strukturiert, zudem nicht nur praktisch, sondern setzte auch ein Statement. Der Inbegriff dieses Stils ist die Tote: groß, geräumig und somit ideal für die Karrierefrau, die nach einem ebenso eleganten wie funktionalen Accessoire zum Transport von Akten, Papieren, Make-up und persönlichen Dingen verlangte. Eine lässigere Alternative boten Umhängetaschen mit robusten, meist verstellbaren Schulterriemen. Das Design setzte oft auf geometrische Formen, während edle Materialien einen Hauch von Luxus boten.

Für den festlichen Abend oder feierliche Anlässe wurde die steife Clutch zum Must-have. Aus Metall, glänzendem Leder und mit Schmucksteinen besetzt, trug man sie zu schillernden Looks, entsprechend dem Überschwang der Zeit.

Die von Hermès seit den 1980er Jahren produzierte *Sac à Malice* präsentiert sich verspielt und ironisch. Ihre klassische Form ist den Abendtaschen der 1920er Jahre entlehnt, die die avantgardistischen Kunstströmungen dieser Zeit aufgriffen. Das Besondere der *Sac à Malice* sind ihre dekorativen dreidimensionalen Details auf der Vorderseite, die je nach Stil variieren. Oft zeigen sie lustige Szenen oder symbolhafte Motive, etwa einen Blumenstrauß, eine Sonne oder eine liebevollen Blick ins Tierreich, was jede Tasche einzigartig macht. Das Wort *Malice* bedeutet auf Deutsch „List" oder „Schalk", was die Essenz dieser Tasche ausdrückt. Ihr Innenleben bietet viel Platz und ist gut organisiert. Trotz ihres eher exzentrischen Designs ist dieses besondere Modell äußerst funktional und beweist, dass Kunst und Zweckmäßigkeit ein harmonisches Ganzes bilden können.

Die zeitlose *Birkin*

Erstmals 1984 verkauft, entstand die Idee zu dieser Tasche eher zufällig, weil die Schauspielerin Jane Birkin mit Jean-Louis Dumas, dem damaligen Kreativchef von Hermès, gemeinsam im Flugzeug von Paris nach London saß und beide ins Gespräch kamen. Die Künstlerin klagte darüber, dass sie keine praktische und zugleich elegante Tasche finden könne, und so entwarf Dumas ein rechteckiges, geräumiges Modell aus weichem Leder mit polierten Kanten und Sattlernähten – ganz nach ihren Wünschen.

Zu den klassischen Elemente einer *Birkin* gehören: zwei Henkel, Überschlag mit Ausschnitten für die Henkel, zwei Metallbügel, durch die die Verschlussriemen geschoben werden, Touret-Schließe, Vorhängeschloss und vier Metallfüßchen am Boden, die Stabilität gewährleisten.

Für die Herstellung einer *Birkin* sind ungefähr 25 Arbeitsstunden erforderlich. Sie erfolgt von Hand und ausschließlich durch qualifizierte Täschner. Ein und dieselbe Person verantwortet den gesamten Herstellungsprozess und versieht jedes Stück mit einem Identifikationscode aus Zahlen, Buchstaben und Symbolen. Hermès verwendet für die *Birkin* ein besonderes Leder mit einzigartigen Eigenschaften: echtes Rindsleder, glatt oder gekörnt, das eine einzigartige transparente Oberfläche besitzt, die mit der Zeit eine wunderschöne Patina bekommt.

Die *Birkin* wird als *Sellier* angeboten, der Sattlernähte an den Außenkanten eine steifere, definierte Struktur verleihen, und als *Retourne*, deren innen liegende Nähte einen weicheren, lässigeren Look erzeugen. Die *Birkin* gibt es in vielen Designs und in fünf Größen: in 25, 30, 35 und 40 Zentimetern Breite sowie als Reisetasche mit 50 Zentimetern.

Die Warteliste für eine *Birkin* ist lang und ihr Erwerb nur wenigen Glücklichen vorbehalten. Der Wert dieser Rarität steigt mit der Zeit, was sie zu einem begehrten Investitionsobjekt macht.

Links – Die britisch-französische Schauspielerin und Sängerin Jane Birkin transportierte ihre persönlichen Utensilien in einem Weidenkorb, bevor das Modehaus Hermès für sie die nach ihr benannte Tasche entwarf.

Rechts – *Birkin* aus Leder, Metallelemente vergoldet, 2004.

Oben – *Birkin* aus Canvas und Barenia-Leder in Gold, Metallelemente mit Palladiumauflage, 2009.

Rechts – Werbung „It starts with a dream“ für die *Birkin*, 2019.

Folgende Doppelseite – Zu den Erkennungsmerkmalen der berühmten *Birkin* von Hermès gehören auch ihre veredelten Metallelemente, darunter die Touret-Schließe und das Vorhängeschloss.

HERMÈS
PARIS
MADE IN FRANCE

Die *Himalaya Birkin* zählt zu den begehrtesten Sammlerstücken unter den Hermès-Taschen, da ihre Fertigung größtes handwerkliches Können erfordert. Das Niloticus-Krokodilleder wird aufwendig von Hand gefärbt, um den unvergleichlichen Farbverlauf der Himalaya-Gebirgskette nachzubilden – von rauchigem Grau bis zu strahlendem Weiß – als Hommage an die schneebedeckten Gipfel des Himalaya.

Birkin 35 aus Epsom-Leder, Farbe *Rose Tyrien*, Metallelemente mit Palladiumauflage.

Birkin 35 aus schwarzem Leder.

Birkin 40 aus Togo-Leder, Farbe *Bleu Électrique*, Metallelemente vergoldet.

Birkin 35 aus Togo-Leder, Farbe *Gris Perle*, Metallelemente mit Palladiumauflage.

Birkin Phillies 35, Limitierte Auflage, aus Swift-Leder, Farbe *Bleu Saphir* und Canvas in Naturfarbe, Metallelemente mit Palladiumauflage.

Birkin 35, Limitiert, Fjord-Leder in Indigo, Streifen: Barenia-Leder und Ottoman de Cren, Farbe *Rouge Casaque*, Metallelemente mit Palladiumauflage.

Die warme Farbgebung der *Birkin Faubourg Day* symbolisiert das Licht und die Energie des Tages und greift in ihren Lederapplikationen die Pariser Stadtarchitektur auf.

Die *Birkin Faubourg Night* fängt mit ihrem dunklen Leder in Nachtblau und Schwarz und silber glänzenden Metalldetails die Magie der Pariser Nächte ein.

Der Überschlag der *Christine* von Hermès aus geprägtem Leder erinnert an einen Briefumschlag, ihre Metallschließe mit Palladiumauflage ist einem Sattelnagel nachempfunden. Die elegante, zugleich kompakte Tasche mit ledernem Innenfutter verfügt über eine Innentasche sowie ein verborgenes Fach und bietet ausreichend Platz für alle wichtigen Dinge des Alltags.

Minimalistischer Luxus

In den 1990er Jahren kam es bei Damenhandtaschen zu einer Stilrevolution, die die sozialen und kulturellen Veränderungen jener Zeit widerspiegelten. Charakteristisch für das Jahrzehnt der Neunziger war eine Mischung aus Minimalismus, Experimentierfreude und Rückbesinnung auf Luxus, was selbstverständlich auch die Kollektionen der weltweit führenden Marken beeinflusste.

Die Popkultur aber auch TV-Serien wie *Sex and the City* beeinflussten die Mode. Taschen waren jetzt nicht mehr nur ein Accessoire, sondern verliehen der Persönlichkeit und den Werten ihrer Trägerin Ausdruck. „Das ist keine Tasche. Das ist eine *Birkin*", wird Samantha Jones in einer Folge von *SATC* von einer Verkäuferin belehrt, womit sie zum Ausdruck brachte, dass die Tasche ein Objekt der Extraklasse war, das begehrt und langes Warten wert war.

Zu jener Zeit experimentierte Hermès mit lässigeren und praktischeren Designs und führte die schlichte *Christine* ein: Mit ihrem dreieckigen Überschlag, durch die sie sich sicher verschließen lässt, erinnerte sie an einen Briefumschlag. Dank eines verstellbaren Riemens lässt sie sich über der Schulter, aber auch diagonal am Körper tragen, sodass die Trägerin beide Hände frei hat.

Eine weitere Tasche aus den 1990er Jahren, die *Herbag*, griff einige Elemente der *Kelly* wie die Trapezform und den Riemenverschluss auf. Sie war jedoch viel legerer und vielseitiger und dank ihrer Kombination aus Canvas und Leder leicht und praktisch.

Die *Vespa* entstand Mitte der 1990er Jahre. Die Tasche zeichnet sich durch ihr schlichtes, praktisches Design aus: kein Wunder, wurde sie doch als raffiniertes, vielseitiges Accessoire für den Alltag konzipiert. Sie ist aus hochwertigem Leder gefertigt und hat einen geschmeidigen, robusten Griff, der eine lange Lebensdauer gewährleistet. Die strenge Linienführung wird durch raffinierte, schlichte Details wie den *Chaîne d'Ancre*-Verschluss aufgelockert.

Die *Victoria* aus dem Jahr 1997 vereint Funktionalität mit Eleganz. Ihre rechteckige Form spricht für Ordnung und Zweckmäßigkeit und bietet sehr viel Platz. Dank ihrer beiden Ledergriffe lässt sie sich gut in der Hand oder am Arm tragen.

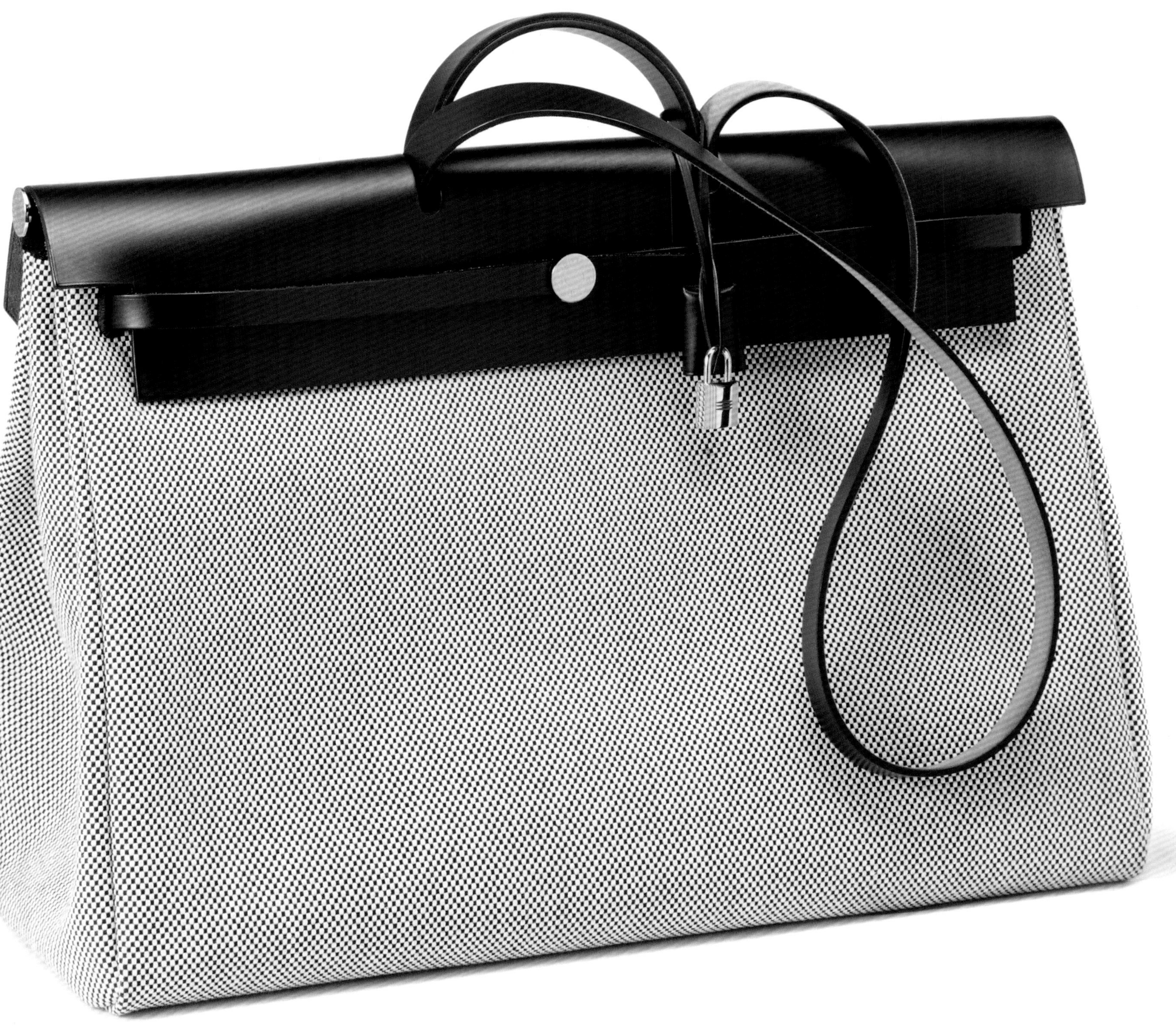

Oben – *Herbag 52* aus Vache Hunter-Leder (Rindsleder) und Canvas, Farbkombination Blau/Écru, große Außentasche mit Reißverschluss auf der Rückseite, fester Schulterriemen aus blauem Rindsleder, Metallelemente mit Palladiumauflage. Die *Herbag* ist mit ihrem lässigen Chic und funktionalen Design elegant, aber zugleich sportlicher als andere Modelle.

Rechts – *Vespa* aus Clemence-Leder, Farbe *Rouge Hermès*, 2000. Schulterriemen aus Canvas, Ankerverschluss und Metallelemente vergoldet. Innenfutter aus rotem Wildleder, Innentasche aus beigem Canvas.

Victoria II Fourre-tout 35 aus Clemence-Leder, Farbe *Orange Poppy*, Innenfutter aus *Chevron*-Canvas, Metallelemente mit Palladiumauflage, 2014.

Victoria 36, Togo-Leder, Farbe *Taupe*, Metallelemente mit Palladiumauflage, Hermès, Frankreich 2014.

Die 2000er Jahre

In den 2000er Jahren kam das Phänomen der „It-Bag“ auf: Promis, Modezeitschriften und die ersten Influencerinnen, die durch ihre Social Media Kanäle immer größere Reichweiten erzielten, konnten ein Produkt hypen. Taschen waren dabei sehr beliebt und wurden neu interpretiert. Im Trend lagen große Logos und starken Farben. Hermès nahm die Trends wahr und entschied sich für Farben: Jetzt legte das Haus historische Taschen in intensiven Farben neu auf.

Anfang der 2000er Jahre brachte Hermès aber auch neue Taschenmodelle heraus, darunter die *Picotin* (2002), deren Form an Hafersäcke für Pferde angelehnt ist. Die minimalistische Tasche aus weichem, ungefüttertem Leder wird mittels einer schmalen verstellbaren Lasche geöffnet, an deren Ende sich das ikonische Hermès-Vorhängeschloss befindet.

2007 wurde die *Lindy* lanciert, benannt nach dem Tanz *Lindy Hop*, der in den 1920er Jahren der letzte Schrei war, was zu ihrem beschwingten Stil passt. Innovativ ist, dass beide Handgriffe an den Schmalseiten der Tasche angebracht sind, wodurch sie sich beim Anheben in der Mitte leicht zusammenfaltet. Die *Lindy* kann in der Hand oder dank eines abnehmbaren Riemens über der Schulter getragen werden. Sie verfügte über einen Drehverschluss und seitliche Reißverschlusstaschen. Es gibt die Tasche in vielen gängigen Größen. Im Jahr 2019 kam eine Mini-Version mit nur 20 Zentimetern Breite hinzu.

Seit 2010 wurden die Damenhandtaschen von Hermès ständig weiterentwickelt. Phasen der Neuinterpretation traditioneller Modelle wechselten sich mit Phasen der Innovation ab, die von Nachhaltigkeit inspiriert sind. Neue Trends machten aus Taschen edle Design-Ikonen und Kultobjekte, die Frauen gerne sammeln.

Der Name der 2010 eingeführten *Cabag* assoziiert das französische Wort *Cabane* für „Hütte“ und damit Einfachheit und Vielseitigkeit. Diese Tasche weist eine weiche Form auf und besteht aus Baumwolle oder Leinen mit Details aus Kalbsleder – für die Handwerkskunst und die Tradition von Hermès typische Materialien.

Im selben Jahr wurde die *Jypsière* geboren, die Hermès als „Vereinigung einer Jagdtasche mit der ikonischen *Birkin*“ beschreibt, eine Kreation von Jean-Paul Gaultier, der zu jener Zeit Kreativdirektor der Damenabteilung des Hauses war.

Picotin Lock 18 aus Taurillon-Clemence-Leder in Schwarz, Metallelemente mit Palladiumauflage, 2013. Die *Picotin Lock* 18 ist die kleinste Ausgabe der *Picotin*-Serie und eignet sich sowohl als Abendtasche als auch als lässiges Alltagsaccessoire. Die kurzen Henkel und die Beutelform mit Vorhängeschloss verleihen dieser Tasche ihre unverwechselbare Eleganz.

Die von Sattel- und Reisetaschen inspirierte *Jypsière* besitzt durch ihre rechteckige Form und klare Linienführung ein elegantes und modernes Design. Sie wird in vielen Varianten und Größen angeboten, einschließlich einer Mini-Version. Die Nachfrage nach diesem Modell, insbesondere in limitierten Auflagen und exklusiven Farben, ist enorm.

2010 erschien auch die *Médor*. Ihr kühnes Design umfasst pyramidale Nieten und einen von Hundehalsbändern inspirierten Verschlussgürtel – ein typisches Hermès-Element. Das Motiv der Hundehalsband-Nieten existierte im Repertoire der Maison bereits seit 1927 und wurde zu einem Erkennungsmerkmal der Marke. Die *Médor* gab es auch als Clutch.

Die Tasche *Toolbox* aus dem Jahr 2012 ist, der Name besagt es, von Werkzeugkästen inspiriert. Sie zeichnet sich durch ihre strukturierte, quadratische Form und die Balgöffnung aus, die einen einfachen Zugriff auf den Tascheninhalt ermöglicht, absolut funktional ist und das originelle Design betont. Die *Toolbox* lässt sich an kurzen Henkeln in der Hand tragen, verfügt aber auch über einen abnehmbaren Schulterriemen.

Die 2011 eingeführte *Roulis* besitzt ein minimalistisches, aber ausgewogenes Design, das sich durch den stilbildenden *Chaîne d'Ancre*-Verschluss auszeichnet, ein unverkennbares Detail, das die Segeltradition von Hermès aufgreift und hier in länglicher Form Verwendung findet.

2014 erschien die Tasche *Convoyeur* mit einem kompakten, strukturierten Design, rechteckiger Form und Federverschluss. Ursprünglich für einen praktischen Zweck entworfen – den Transport von Reitstiefeln und Zaumzeug – wurde sie in ein raffiniertes Modeaccessoire transformiert. Die Mini-*Convoyeur* überzeugt mit einer kompakten Silhouette und hat einen Überschlag aus Leder und eine Schließe aus Metall.

Ebenfalls 2014 wurde die Tasche *Oxer* lanciert. Ihr Design ist wiederum vom Reitsport inspiriert. Das Wort „Oxer" bezeichnet ein Hindernis im Springreitsport, das beim Hochweitsprung zum Einsatz kommt.

Die 2017 vorgestellte Tasche *Cinhetic* ähnelt mit ihrer eckigen Form einer Puderdose, hat aber einen geschwungenen Henkel und kann dank einer Kette als Schulter- oder Umhängetasche getragen werden. Das Besondere an der *Cinhetic* ist die asymmetrische H-Schließe, welche die Dynamik und die Energie symbolisiert, die die Tasche im Namen trägt. Sie ist Inbegriff des modernen Hermès-Designs, das kühne geometrische Linien mit raffinierten Details durch handwerkliches Geschick vereint.

Die 2021 eingeführte Tasche *Della Cavalleria* trägt den Namen einer Reitsportabhandlung. Sie steht in der Reitsporttradition der Marke und ist von ihren Anfängen als Sattlerei inspiriert. Ihr Design greift Elemente der von Reitern verwendeten Gebrauchstaschen auf, etwa die gerundete Form und die gewölbte, von der Halbkandare Verdun inspirierte Schließe.

Ebenfalls aus dem Jahr 2021 stammt die Tasche *In the Loop*, die sich durch weiche Linien und eine abgerundete Struktur auszeichnet, während Henkel und Taschenboden *Chaîne d'Ancre*-Glieder aufgreifen. Sogar die Schließe hat die ikonische Kettengliedform.

Die Tasche *Geta* von 2022 ist von der gleichnamigen minimalistischen japanischen Holzsandale mit zwei Holzstegen unter der geraden Sohle inspiriert, deren Form von dem geometrischen Design und der beidseitigen H-Schließe der Tasche aufgenommen wird.

Links – *Jypsière* aus Leder, Farbe *Jaune de Naples* mit glänzenden Metallelementen. Diese Tasche von Jean-Paul Gaultier ist eine echte Ikone.

Rechts – Die *Oxer* von 2014 ist mit vier Griffen und einem Gurt ausgestattet.

Oben – *Toolbox* 20 aus Box- und Wildleder in Jeansblau mit Gurt und vergoldeten Metallelementen. Innen ist die Tasche überraschend geräumig und intelligent in Fächer unterteilt, sodass sich alle wichtigen Dinge übersichtlich verstauen lassen.

Unten – *Mini Convoyeur* für alles Wesentliche aus glänzendem Alligatorleder, Farbe *Bleu Marine*, Metallelemente mit Palladiumauflage, 2014. Diese Tasche folgt einem minimalistischen, aber raffinierten Design.

Rechts – *Cinhetic* aus schwarzem Leder, Metallelemente mit Palladiumauflage.

Links – *Geta* aus Leder, Farbe *Navy*, 2023.

Mitte – *In the Loop* aus Leder, Farbe *Jaune*, 2022.

Oben – *Della Cavalleria* aus Lecer, Farbe *Rubis*, 2023.

Kelly Teddy während einer Modenschau. Diese Tasche ist eine Kreation von Jean Paul Gaultier, der 2005 das Design für eine kleine limitierte Auflage der *Kelly* aus Schafleder mit Details aus Ziegenleder schuf. Die *Kelly Teddy* ist eine Hommage an das Savoir-faire der Maison Hermès und ihre Kunst, Klassiker immer wieder neu zu erfinden.

Jenseits von Mode und Zeit

Taschen von Hermès sind nicht nur von herausragender Qualität, sondern auch als Investitionsobjekte begehrt. Im Gegensatz zu vielen anderen Luxusgütern steigern sie ihren Wert mit der Zeit. In den letzten Jahren hat der Markt für Vintage-Luxus-Taschen ein enormes Wachstum gezeigt, und ein neuer Trend war geboren: Luxushandtaschen als Geldanlage. Heute gelten einige Designs von Hermès als sichere Investitionen, vergleichbar mit Immobilien, Kunst und Uhren, insbesondere die *Kelly* und die *Birkin*. Einer der Faktoren, die den Hype um die Hermès-Taschen forcieren, ist ihre begrenzte Verfügbarkeit. Selbst wenn man den hohen Preis für eine der begehrten Taschen zu zahlen bereit ist, ist es fast unmöglich, sie neu zu erwerben. Für eine *Birkin* oder *Kelly* muss man lange Wartezeiten in Kauf nehmen oder zur Stammkundschaft von Hermès gehören, insbesondere wenn es sich um limitierte Auflagen, spezielle Materialien oder gefragte Farben handelt. Diese Politik sorgt dafür, dass die Taschen heute ein elitäres Statussymbol sind.

Aufgrund der geringen Verfügbarkeit werden immer mehr dieser Modelle bei Auktionshäusern versteigert, insbesondere limitierte Auflagen, berühmte Vintage-Modelle oder Taschen aus besonders exklusiven Materialien.

Analysten zufolge spielt bei Auktionskäufen aber auch „Jagdfieber“ eine Rolle. Die Suche nach einem seltenen Vintage-Stück bereitet an sich schon Vergnügen und wird gekrönt durch die Befriedigung bei einem erfolgreichen Kauf.

Die *Birkin Himalaya* und die *Kelly Himalaya* haben bei Sammlern heute Kultstatus. Beide Taschen sind aus handgefärbtem Nilkrokodilleder gefertigt. Ihr Name hat nichts mit dem Herkunftsort der Materialien zu tun, sondern verweist auf die weiß-grauen Schattierungen des Krokodilleders, die die schneebedeckten Berge des Tibetischen Hochlands evozieren.

Die *Birkin Diamond* vereint klassisches Design mit der Opulenz von Diamanten. Dieses exklusive Modell wird aus verschiedenen feinen Lederarten wie Niloticus- oder Porosus-Krokodilleder gefertigt und mit exklusiven Details verziert: Die Drehschließe und die Metallbesätze der Riemen sind mit weißen, oft in Weiß- oder Gelbgold gefassten Diamanten besetzt.

Heute kennen Sammler die Geschichte der Maison Hermès und ihrer Taschen, Kollektionen und Designer recht gut und wissen, warum ein bestimmtes Objekt historisch und für das Modedesign von Bedeutung ist. Zu den gefragtesten Vintage-Modellen gehören die *JPG Shoulder Birkin* und die *Kelly Teddy*, beides Entwürfe von Jean Paul Gaultier. Auch andere bei Auktionen stark gefragte Modelle wie die *Birkin Shadow* sind Kreationen Gautiers. Dieses erstmals 2009 vorgestellte Modell besticht durch sein innovatives Design, das mit Dreidimensionalität und optischer Täuschung spielt. Das unverwechselbare Erkennungszeichen der *Birkin Shadow* ist die Gestaltung der funktionalen Elemente als Trompe-l'oeil: so scheinen etwa der Griffe und Riemen aus der Oberfläche der Tasche herauszutreten, tatsächlich aber sind sie direkt in das Leder eingeprägt. Auch die 2011 auf den Markt gebrachte *Kelly 35 Osier Picnic* aus Leder und Korbgeflecht wurde von Jean Paul Gaultier entworfen.

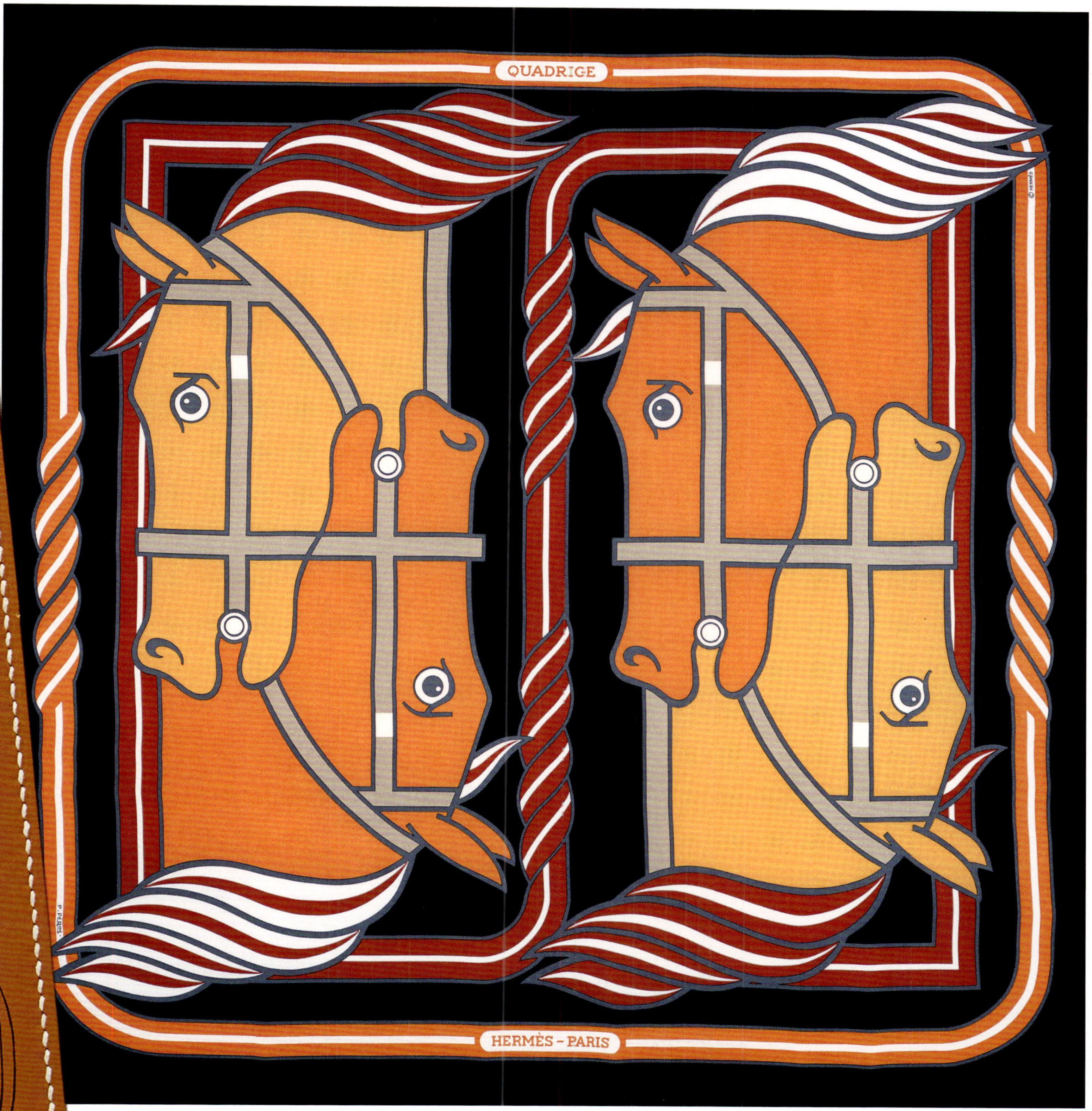

Links – *Kelly Sellier Quadrige Limited Edition* 28 aus Naturleder, Metallelemente mit Palladiumauflage, 2023. Dieses Exemplar wurde im September 2024 für 37 800 US-Dollar verkauft. Die *Kelly Quadrige* greift das Motiv des Seidentuchs *Quadrige* (oben) aus den 1970er Jahren auf. Das ikonische Design zeigt zwei ineinander verschränke Pferdeköpfe mit Zaumzeug, deren Anordnung einen Effekt erzeugt, der dem eines Puzzles ähnelt. Auch hier ist das Motiv – wie so oft bei Hermès – von der Reitertradition inspiriert. Das *Quadrige*-Design wurde seither immer wieder neu aufgelegt, womit es sich als eines der beliebtesten Motive der Maison Hermès etabliert hat.

Links – Charakteristisch für die *Kelly Picnic* ist der Korpus aus Weidengeflecht mit Details aus Swift-Leder, außerdem der Henkel auf der Oberseite, ein abnehmbarer flacher Schultergurt, ein Überschlag und eine Innentasche mit Steckfächern.

Oben – Die *Kelly Picnic*, Design von Jean Paul Gaultier, 2011.

Birkin Metallic 25 aus Leder, Farbe *Chèvre Silver,* Metallelemente mit Palladiumauflage, 2004. Dieses Exemplar wurde für 101 600 US-Dollar verkauft. Das Design dieser *Birkin* ist von Leïla Mencharis Schaufensterdekorationen der Hermès-Boutique in der Rue du Faubourg Saint-Honoré in Paris inspiriert.

Die Tasche *Quelle Idole*, auch als *Kelly Doll* bekannt, ist eine weitere Rarität, die bei Auktionen hohe Preise erzielt. Sie wurde 2000 eingeführt und ist ein Entwurf von Jean-Louis Dumas, der von 1978 bis 2006 Kreativdirektor und Vorsitzender des Unternehmens Hermès war.

Auch die *Birkin Metallic,* die 2004 herauskam, ist ein Meilenstein in der Geschichte der Maison Hermès. Unter den limitierten Auflagen dieses Modells ist die *Birkin HAC (Haut à Courroies)* erwähnenswert. Größer und schmaler als die *Birkin,* wurde sie für den Transport von Sätteln entworfen. Bei der *Birkin So-Black* aus schwarzem Leder sind alle Metallelemente schwarz. Die *Birkin Cargo*, ebenfalls eine limitierte Auflage, ist die sportlichste Variante dieser ikonischen Tasche, aus leichtem Canvas mit fünf praktischen Außentaschen.

Die *Birkin Faubourg,* 2019 in limitierter Auflage erschienen, eine Hommage an den Pariser Hermès-Flagship-Store in der Rue du Faubourg Saint Honoré 24, ist besonders begehrt. Der Taschenboden stellt den Bürgersteig dar, die Frontseite repräsentiert das Gebäude einschließlich Fenstern und Markisen. Die Versionen *Night* und *Day* sind zwei außergewöhnliche Interpretationen des Themas, die durch ihre unterschiedlichen Farbgebungen Tag und Nacht zum Ausdruck bringen und die architektonischen Details in den Farben Grau, Orange und Mitternachtsblau betonen.

Im Jahr 2021 wurden die Editionen *Sous la Neige* und *Faubourg Minuit* lanciert. Die erste Variante zeigt die Hermès-Boutique unter einer dicken Schneedecke mit raffinierten Details wie weißen Dächern und beleuchteten Fenstern. Die zweite Version zelebriert den Charme der Nacht durch intensive Farbgebung: viel Mitternachtsblau, aber auch Schwarz und silberne Akzente. Erst 2024 kam die *Birkin Faubourg Disco* heraus. Sie vereint das ikonische Design der *Birkin* mit der funkelnden Energie der Nachtclublichter, ist aus schwarzem Leder gefertigt und zeigt auf dem Korpus die berühmte Fassade als Graffiti in Weiß.

Das Interesse an diesen Taschen blieb über die Zeit hinweg konstant, was beweist, dass man bei Hermès mit Blick auf sein wertvolles Erbe recht beliebte Neuauflagen kreiert.

Experten von Auktionshäusern zufolge sind auch andere Modelle in limitierten Auflagen oder speziellen Farben höchst gefragt, wie *Constance, Roulis, Picotin, Herbag, Convoyeur* und die klassische *Vespa.*

Hinzu kommen noch die *HSS*-Versionen (*Horseshoe Stamp Special*).[10] Diese Modelle sind Unikate, die hinsichtlich der Farbgebung und einzelner Details auf Kundenwunsch angefertigt wurden. In jeder Saison kann eine streng limitierte Auswahl an Hermès-Taschen mit festgelegten Materialien und Farben personalisiert werden. Hat ein Kunde seine individuelle Tasche kreiert, wird das Projekt erst von einem Hermès-Kunsthandwerker umgesetzt, nachdem es offiziell freigegeben wurde.

Sonderbestellungen werden oft in den Trendfarben einer Saison angefertigt, meist mit Innentaschen in einer Kontrastfarbe. Gelegentlich werden auch zwei oder drei Farben kombiniert.

Die Individualisierung kann zudem durch Kontrastnähte oder die Veredelung der Metallelemente erfolgen. So können Auflagen aus mattiertem Gold und Palladium oder aus Roségold gewählt werden. Die Position der Außentasche, die Länge der Schulterriemen sowie Initialen sind weitere Möglichkeiten, ein persönliches Stück zu designen.

Für viele Sammler hat eine Luxustasche von Hermès mehr als nur einen praktischen Nutzen: Mit ihr besitzen sie ein Stück Modegeschichte.

Oben – Im Jahr 2015 präsentierte Hermès auf der Ausstellung Leather Forever in Singapur fünf *Quelle Idole*-Taschen. Diese mit Stickereien, Perlen, exotischem Leder und anderen einzigartigen Elementen verzierten *Kelly Dolls* gingen online unter Hermès-Sammlern viral und wurden später für wohltätige Zwecke versteigert. Hier ein Exemplar dieser exklusiven Taschen.

Rechts – *Quelle Idole Custom Edition* von Matte Béton aus Krokodil- und schwarzem Swift-Leder, Metallelemente mit Palladiumauflage, 2019. Dieses Exemplar wurde im Mai 2024 für 2 205 000 Hongkong-Dollar verkauft. Das Modell ist für Sonderanfertigungen vorgesehen und höchst exklusiv.

Kellywood Perspective Cavaliere 22, limitiert, aus Barenia-Leder, Farbe *Fauve*, und Holz in den Farben *Chèvre*, *Clemence*, *Epsom*, *Madame*, *Tadelakt* und *Togo*, Metallelemente mit Palladiumauflage, 2022. Das Modell erzielte im April 2023 bei Sotheby's Hongkong 1143 000 Hongkong-Dollar.

Kelly Sellier 28, limitiert, aus schwarzem Kalbsleder mit Federn und Metallelementen mit schwarzer PVD-Beschichtung, 2010. Das Exemplar wurde im November 2022 in Paris bei Christie's für 277 200 Euro verkauft.

Oben – *Birkin 25 Custom Edition* aus schwarzem und naturfarbenem Leder mit Metallelementen aus gebürstetem Palladium, 2021. Die hier abgebildete Tasche wurde im Mai 2024 in Hongkong bei Christie's für 239 400 Hongkong-Dollar verkauft.

Rechts – *Birkin 25 Limited Edition Touch*, mattschwarzes Krokodilleder und Togo-Leder, Metallelemente aus Gold, 2018. Dieses Exemplar wurde im Mai 2024 in Hongkong bei Christie's für 302 400 Hongkong-Dollar verkauft. Die *Touch*-Versionen der *Birkin* und *Kelly* haben einen Lederkorpus und Verschlussriemen aus Eidechsen-, Alligator- oder Krokodilleder in Taschenfarbe.

Links – *Birkin* 25, Einzelanfertigung aus mattem, satiniertem Nilkrokodilleder, Farbe *Jaune Citron,* Metallelemente mit Palladiumauflage, 2022. Dieses Exemplar wurde im Mai 2024 bei Christie's für 655 200 Hongkong-Dollar verkauft.

Oben – *Marble Silk Contance 18 Limited Edition* aus Swift-Leder, Farbton *Rose*, und marmorierter Seide. Carré-Seide außen und Swift-Leder in Fuchsia innen, Metallelemente mit Palladiumauflage, 2022. Die Marmorierung von Seide ist eine japanische Technik, bei der mit großem Geschick ein abstraktes Muster aus leuchtenden Farben auf Stoff aufgebracht wird. Diese seltene, in sehr kleiner Auflage gefertigte Tasche nutzt traditionelle Techniken und demonstriert das Interesse von Hermès an Innovationen.

BR

Schmuck

Links – Armreif *Attelage D'Or* aus Gold und Diamanten. Seine Form ist von den Riemen am Sattelzeug inspiriert, mit deren Hilfe mehrere Pferde gemeinsam geführt werden. Der Reif ist mit 270 Diamanten von insgesamt 1,59 Karat besetzt.

Rechts – Gürtel *Olga* mit fünf Charms die einige Ikonen der Marke Hermès darstellen: das Vorhängeschloss, eine *Kelly* Bag, eine Hundehalsband-Niete, einen Sattelnagelkopf und das Hermès-H, Silber mit Palladiumauflage. Der Gürtel mit Ankerkettengliedern kann auch um den Hals getragen werden.

AUSGEFALLENE KOSTBARKEITEN

....

„Hermès hatte nie die Absicht ‚Objekte für den Augenblick' herzustellen, die ein paar Monate überall zu sehen sind und dann wieder verschwinden. Das gilt für Taschen und Schuhe ebenso wie für Colliers und Armbänder."

Pierre Hardy, Kreativdirektor Schmuck bei Hermès

Das für seine exklusive Ware und herausragende Handwerkkunst bekannte Modehaus in der Rue du Faubourg Saint-Honoré erweiterte seine Produktpalette im Laufe der Zeit stetig und begann, Schmuck mit derselben Hingabe an Qualität und Design zu entwickeln, die all seine Kreationen auszeichnet.

In den 1920er Jahren betrat Hermès die Welt des Schmuckdesigns mit dem Armband *Filet de Selle* aus Silber und Leder. Es wurde 1927 präsentiert[1] und war von der Welt des Reitsports inspiriert, seit Gründung des Unternehmens im Jahr 1837 das Referenzuniversum von Hermès.

Rund ein Jahrzehnt später führte Robert Dumas, der Schwiegersohn von Émile-Maurice Hermès und spätere Kreativdirektor des Hauses, ein weiteres wichtiges Referenzthema der Marke ein: die Welt der Nautik. Der Legende nach griff der begeisterte Segler Dumas die Form der Ankerketten der Boote an der Küste der Normandie auf, als er das Design des Armbands *Chaîne d'Ancre* entwickelte, das 1938 auf den Markt kam. Das aus Silber gefertigte Armband sollte zu einem der symbolträchtigsten Accessoires der französischen Marke werden. Damit gab das Unternehmen sein Debüt in der Sparte Modeschmuck, bevor es sich dem edlen Schmuck zuwendete.

Zwischen Erstem und Zweitem Weltkrieg entwickelte sich die *Haute Bijouterie* wegen der Einschränkungen beim Erwerb von Edelmetallen, die sich aus der politischen und dem wirtschaftlichen Situation ergaben, nur langsam.

Als Erfinder des Modeschmucks gilt der französische Modedesigner Paul Poiret. Er konzipierte in den 1910er Jahren Schmuck zur Ergänzung seiner Kollektionen. Dafür griff er den jeweiligen Stil, die Farben und die Stoffe seiner Designs auf, weshalb er mit jeder neuen Kollektion auch neue Schmuckstücke präsentierte.

Bald folgte die Modeschöpferin Madeleine Vionnet dem Beispiel von Poiret. In den 1930er Jahren sorgten die Designerinnen Coco Chanel und Elsa Schiaparelli für den endgültigen Erfolg der *Bijoux de couture*, beschritten dabei jedoch völlig unterschiedliche Wege.

Wegen der angespannten Wirtschaftslage gingen die Umsätze der Juweliere zurück, denn Imitationen von Echtschmuck kamen aus der Mode. Stattdessen war kreatives Schmuckdesign gefragt. Doch um erfolgreich zu sein, muss ein Produkt ständig aktualisiert werden, um den Publikumsgeschmack zu deuten und zu beeinflussen. In diesem Kontext entstand die Idee von Schmuck als Modeartikel, dessen Schick seinen eigentlichen Wert übertraf.

Hermès nahm auch in dieser Situation eine Sonderstellung ein, indem das Haus, das sich im Sektor des Luxus und der edlen Accessoires positionierte, Silberschmuck einführte, der sich nicht dem Rhythmus der Mode mit ihrem steten Stilwandel unterwarf. Die Maison integrierte die neue Produktlinie in ihre traditionelle Referenzwelt, die nicht dem Zwang zur permanenten Erneuerung unterliegt.

Die Geburt des edlen Schmucks

In den frühen 1940er Jahren kam das Schmuckbusiness praktisch zum Erliegen, wenigstens in Europa. Erst nach dem Krieg war Schmuck wieder gefragt. Nun bot Hermès Echtschmuck aus Gold und Edelsteinen an, der neben den Preziosen so bekannter Juweliere wie Cartier, Boucheron und Van Cleef inseriert wurde.

Anfang der 1950er Jahre zog die Wirtschaft wieder an: Die Zeichen standen auf Wiederaufbau und Kreativität in allen Bereichen, von der Literatur über die Architektur bis zum Design. Paris war erneut Hauptstadt des Luxus. Nach dem Krieg diktierte die Mode den Frauen sehr feminine, figurbetonte Kleidung. 1947 führte Dior den *New Look* mit runden Schultern, schmaler Taille und wadenlangen Röcken ein. Dieser Look wurde zum Diktat: Schuhe, Taschen, Schals und Schmuck mussten perfekt auf die Kleidung abgestimmt, Accessoires dezent und klein sein. Die Bekleidungscodes der 1950er Jahren waren streng: Vormittags trug man Hemdblusenkleider aus weichem Stoff mit einem schmalen Gürtel in der Taille oder Kostüme aus Bleistiftrock und kurzer, offener Jacke; nachmittags Kleider mit kurzen, weiten Röcken, am frühen Abend elegante Kleider und zu besonderen Anlässen Kleider mit tiefem Ausschnitt oder korsettartigem Oberteil. In diesem Jahrzehnt der Opulenz war Goldschmuck sehr beliebt, vor allem mit besonderen Texturen und Flechtungen; an die Stelle der glatten, glänzenden Oberflächen der 1940er Jahre traten weiche, geschwungene Formen. Gold wurde wie ein Faden gesponnen, wie ein Seil gedreht oder gleichmäßig in kleine Stücke geschnitten und mit Edelsteinen oder Diamanten besetzt. Die Motive dieses dekorativen Schmucks für den Tag waren oft von der Natur inspiriert. Blumen und Tiere sah man häufig an Broschen und Clips, aber auch Schleifen, Spitzenbordüren, Knoten, Locken und Drapierungen. Der Armschmuck dieser Zeit hatten den Stil von Manschetten mit

Schnallenmotiven. Auch große Glieder und Charms waren beliebt. Kurze Halsketten fürs tiefe Dekolleté waren halbstarr und ihre Oberflächen veredelt. Bei Hermès griff man diese Entwicklung auf, so wie es auch die großen Namen der Schmuckbranche taten. Elegante Ketten aus Gold und Silber wurden um Anhänger mit den ikonischen Hermès-Motiven ergänzt, also Steigbügel, Zaumzeug und Trensen, die über das rein Dekorative hinaus auch für die Tradition der Marke stehen. Manche Stücke enthielten Details aus Emaille, einer Technik, die für Schmuck von Hermès zunehmend Verwendung fand. Die 1949 eingeführte Linie *Collier de Chien* interpretierte den gleichnamigen Gürtel von 1927 neu und zelebrierte seine skulpturale, moderne Form.

In den Fünziger Jahren wurde noch streng zwischen Schmuck für den Alltag, für den Abend und für besondere Anlässe unterschieden. Alltagsschmuck war hauptsächlich aus Gelbgold, während für Abendschmuck diamantenbesetzter Pomp aus Platin gefragt war, der bei allen gesellschaftlichen Anlässen, von der Cocktailparty bis zu Benefizgala, zur Schau gestellt wurde. Hermès scheint zu jener Zeit jedoch keinen Halsschmuck im Stil der *Haute Bijouterie* geführt zu haben. Die Kreativität in diesem Bereich stagnierte, und man hielt sich im folgenden Jahrzehnt an ein bewährtes Formenrepertoire. In den 1960er Jahren wurde der Schmuckmarkt zunehmend segmentiert. Zu den Klassikern gesellten sich Trends mit unterschiedlichsten Charakteristiken, Verwendungszwecken und Stilen. Sie sollten bald neben traditionelleren Objekten zu Stars werden.

Werbeanzeigen für Schmuck von Hermès aus den Jahren 1948 (oben) und 1950 (unten).

Eleganz des modularen Schmucks

In den 1960er Jahren kam handgefertigter Designerschmuck in Mode, gleichzeitig hielt *Prêt à porter* auch im Schmuckbereich Einzug. Jetzt begannen die Menschen, sich für experimentelle Oberflächen und Verfahren zu interessieren – ob feinmatt, quermatt oder kristallmatt usw. – sowie für Formen, die zunehmend abstrakter wurden und sich von den Themen des traditionellen Schmucks befreiten. In manchen Fällen wurden alte Verfahren wie Ziselieren und Emaille wiederentdeckt, die sich ideal für die chromatischen Kontraste eigneten, die den Schmuck dieses und des folgenden Jahrzehnts prägen sollten, während die Formen zunehmend geometrisch und linear wurden. Wieder einmal war Hermès handwerklich führend, ergänzt durch die einzigartige Interpretation, die den Stil der Marke ausmachte.

In den 1960er Jahren erkundete Hermès mit seinem Schmuck neue Horizonte und verband die hauseigene handwerkliche Traditionen mit dem innovativen Zeitgeist des kulturellen und

Oben – Colliers aus Ankerkettengliedern mit Steg, poliertes Gelbgold, 2000er Jahre.

Rechts – Armband *Chaine d'Ancre* aus Gelbgold, Ankerkette mit Steg aus Fuchsschwanzgeflecht, 1950er Jahre. Das Modell *Chaîne d'Ancre,* entworfen in den 1930er Jahren, wurde in den 1950er Jahren zur Stilikone.

stilistischen Wandels. Der Schmuck dieser Zeit ist von schlichter, aber kühner Eleganz, charakteristisch für den dezenten Luxus, der seit jeher das Markenzeichen der Maison Hermès ist. Die Ketten der Sechziger zierten oft raffinierte Details, etwa in Form kostbarer Schließen, oder sie folgten einer weichen geometrischen Linienführung.

Armbänder zählten in den 1960er Jahren zu den beliebtesten Schmuckstücken von Hermès. Das in den 1930er Jahren eingeführte *Chaîne d'Ancre*-Motiv, in späteren Jahrzehnten immer wieder neu interpretiert, wurde dank seiner raffinierten Schlichtheit zu einer Ikone der Marke. Hermès begann nun auch mit der Neuinterpretation seiner historischen Ästhetik, zunächst mit dreidimensionalen, skulpturalen Formen. Dazu zählten das Armband *Tête de Cheval* von 1966 in Gold und Silber. Auch die Ringe der 1960er Jahre strahlten mit Motiven aus der Welt der Pferde oder abstrakten Mustern raffinierte Eleganz aus. Schmucksteine wie Achat und Onyx verliehen vielen Preziosen Modernität, während bei den Edelmetallen Gold und Silber dominierten.

Oben – Ganzseitige Werbeanzeige für den Armreif *Tête de Cheval* von 1966.

Unten – Armreif *Tête de Cheval*, vergoldet, 1970er bis 1980er Jahre.

Confetti aus Gold, 2010er Jahre. Die Halskette *Confetti* zeichnet sich durch ihr schlichtes, aber raffiniertes Design aus. Die kreisförmigen Elemente erinnern an Konfetti, ein Symbol für fröhliche Feste und Feiern.

Halskette *Taquet*, Gold, 2010er Jahre. Der Begriff „Taquet" bezieht sich auf kleine Stifte, die in der Mechanik als Stütze oder Führung dienen: eine Metapher, die Hermès für das Konzept von Gleichgewicht und Dynamik verwendet. Die geometrischen Kettenglieder greifen harmonisch ineinander.

Dieses Werbeplakat von Hermès zeigt einen Stapel gemusterter Emaille-Armreife in verschiedenen Breiten.

Moderne Kollektionen

Die 1970er Jahre waren geprägt von sozialen Spannungen und tiefen ideologischen Gräben, zugleich waren sie die Zeit der sogenannten sexuellen Revolution und geistiger Freiheit. In der Mode dominierten, wie in vielen anderen Lebensbereichen, zwei Strömungen: der Stil der Hippiebewegung, die politisch war und in Teilen feministisch – so sollte die Aufmerksamkeit nicht auf den Körper gelenkt werden – und Mode, die nicht darauf verzichteten wollte, schick zu sein.

Der Schmuck sollte nun zu den veränderten Bedürfnissen selbstbewusster und selbstständiger Frauen passen. Die Juweliere wählten für ihre Kreationen moderne grafische Designs und veredelten sie durch exquisite, interessante Oberflächen. Gelbgold trug man jetzt tagsüber und abends. Der Markt konzentrierte sich auf Goldschmuck – zum Nachteil von Platinschmuck, der aus Unikaten mit Diamant- oder Brillantbesatz bestand. Die Goldoberfläche wurde oft mit Gravuren verziert oder gebürstet und mit Besatz aus Schmucksteinen wie Lapislazuli, Jade, Tigerauge oder Koralle versehen.

Hermès antwortete auf die neue Vorliebe für alles Bunte mit emaillierten Armreifen. Deren Metallbasis (in der Regel vergoldetes Messing) wurde von Hand und nach traditionellen Verfahren emailliert, was jedem Stück ein einzigartiges, langlebiges Finish verlieh. Die Dekors waren nicht selten den ikonischen Hermès-*Carrés* entliehen, deren Designs mit Pferde-, Blumen- oder abstrakten Motiven den Luxus und die Raffinesse repräsentierten, für die die Marke bis heute steht. Die Farben waren intensiv und oft kontrastreich, wodurch der Schmuck lebendig und modern wirkte, ohne traditionelle Handwerkskunst vermissen zu lassen. Die Armreife ließen sich einzeln oder zu mehreren tragen, kombiniert zu individuellen, kühnen Locks, die dem Stil dieser wilden und freiheitsliebenden Ära entsprachen.

Der Armreif *Nausicaa,* gemäß dem Stil der Zeit elegant, aber schlicht in der Linienführung, kam 1971 auf den Markt. Sein Name verweist auf die Seefahrt, das Design aber ist vom Reitsport inspiriert. Das Modell nach einem Entwurf von Jean-Louis Dumas wird auch heute noch gefertigt und verkauft.

Der Schmuck der 1980er Jahre zeichnete sich durch imposante Formen und eine kühne Ästhetik aus. Großgliedrige Ketten, bunte Steine und pompöse, auffällige Designs kamen in Mode. In diesem facettenreichen Kontext bestand Interesse an einer Neuinterpretation von Elementen aus der Vergangenheit mit Stücken, die vom Stil der 1940er Jahre inspiriert waren und diese mit größeren Proportionen neu interpretierten: Schmuckstücke durften jetzt dreidimensional, skulptural und voluminös sein.

Auch in den Siebzigern war der Schmuck von Hermès gefragt, weil er dem Zeitgeist entsprach. Die ikonischen Armreife aus Emaille mit ihren grafischen, floralen Motiven, aber auch Hermès-typischen Anleihen aus dem Reitsport gefielen und durften gerne bunt und groß ausfallen. *Gourmette*-Armbänder und Panzerketten waren ebenfalls heiß begeht. Schmuckstücke wurden insgesamt auffälliger, glatte Metalloberflächen mit abgerundeten Kanten dominierten – alles aber immer unverkennbar im Hermès-Stil.

HERMÈS
PARIS
HERMÈS, LIFE AS A TALE
Publicis Et Nous

Ziele der Erneuerung

Der Schmuck der 1990er Jahre zeichnet sich durch einfache Formen, strenge Geometrie und modulare Strukturen aus, unterschied sich aber von dem der Achtziger durch weichere, weniger strenge Formgebung und Motive. Jetzt wurden verschiedene Goldlegierungen kombiniert, von Gelbgold bis Rotgold, von Weißgold bis Roségold, aber auch unterschiedliche Materialien wie Gold und Leder, Gold und Stahl oder sogar Gold und Horn wurden in einem Schmuckstück verarbeitet. Parallel zu den Materialexperimenten entsprach experimentelle Formgebung einem Konzept, das Einflüsse aus Design, Grafik und sogar Kunst und Mode vereinte. Fortan präsentierte Hermès seinen Schmuck, sowohl im Hinblick auf die Materialzusammenstellung als auch auf die Aussage, als angewandte Kunst.

Um seinen Präsenz auf dem Schmuckmarkt weiter auszubauen, erwarb Hermès 1993 die alteingesessene Silberschmiede Puiforcat.[3] In den 1990er Jahren festigte das Unternehmen seine Position als führender Anbieter von Luxusschmuck mit einzigartigen Kreationen, das – im Sinne seiner Tradition – edle Materialien mit innovativen Designs zusammenbrachte.

Die Hermès-Colliers aus den Neunzigern sind von schlichtem, aber elegantem Design mit Details, die der Welt des Reitsports und der Traditionen der Maison entsprangen. Es gibt viele Versionen mit Kettengliedern aus Weiß- oder Roségold, als Armbänder oder lange Colliers, die sich auf verschiedene Arten tragen lassen und zu lässigen Looks ebenso passen wie zu festlichen. In den 1990er Jahren wurde das Armband *Médor* eingeführt, das von dem berühmten *Collier de Chien* inspiriert ist. Die Ästhetik dieses Accessoires zeichnet sich durch quadratische Nieten auf dem Lederband aus, die es zu einem unverwechselbaren Hermès-Accessoire machen.

Emaillierte Armreifen spielten weiterhin eine Hauptrolle in der Schmuckkollektion. Ihre Motive waren wie zuvor von den Hermès-Seidentüchern inspiriert, unter anderem mit geometrischen, floralen und abstrakten Muster. Es gab sie von schmal bis breit, ideal für dezentere Looks wie für mutigere Statements. Die Stärke des Hermès-Schmucks dieses Jahrzehnts lag in seiner Fähigkeit, Tradition und Moderne zu verbinden. Seine Stücke evozierten die lange Historie der Marke, griffen aber mit klaren Linien und innovativen Materialien den Zeitgeist der 1990er Jahre perfekt auf.

Werbeanzeige für den Armreif *Médor* aus Leder und Metall im Rahmen der Kampagne „Life as a tale“ von 2010/2011.

Der Armreif *Clic Clac H* wurde im Jahr 2000 als Teil der Emailleschmuck-Kollektion vorgestellt und ist eine Weiterentwicklung der ersten emaillierten Armreifen[2], deren grafische Muster von den Designs der Hermès-*Carrés* aus den 1970er Jahren inspiriert waren. Seine H-förmige Schließe hat diesen Armreif zu einem der bekanntesten Stücke der Marke gemacht.

Seit den 2000er Jahren bezieht Hermès die Inspirationen für seine Schmuckkreationen von den eigenen Produktlinien und ikonischen Elementen. Touret-Schließe, Riemen und Schlüsseletui der *Kelly* Bag wurden hier in Silber und Gold neu interpretiert. Über die Schmuckkollektionen wird die Geschichte dieser Tasche neu erfunden, bereichert und fortgeschrieben.

Oben – Der Armreif *Kelly*, links in Roségold mit Diamanten, rechts die Version in Rotgold mit vier Diamanten, 2020.

Rechts – Anzeige für den Hermès-Armreif *Médor* in Gold aus der Kampagne „Dance with the orange ribbon", 2007.

HERMÈS
PARIS
DANCE WITH THE ORANGE RIBBON

Ikonisches Design

Der Schmuck von Hermès zeichnet sich durch makellose Qualität und einzigartiges Design aus. Jedes Stück ist das Resultat sorgfältigster Materialauswahl und handwerklicher Verarbeitung. Das Design nimmt Bezug auf die Reitsporttradition von Hermès und interpretiert Formen wie Steigbügel und Trensen neu, ebenso nautische Motive, etwa Seemannsknoten, und solche, die Sport, Bewegung und das Leben in der Natur thematisieren. Ganz generell bezieht das Haus Inspiration aus der Schönheit von Flora und Fauna und allem, was sein Image unterstreicht.

Heute umfasst der Bereich Schmuck die Modeschmuckkollektion, die mit Materialien wie Holz, Leder, Metall, Seide und Emaille spielt und zur Sparte Damenoberbekleidung gehört, und die *Haute-Joaillerie*-Kollektion, die in Silber, Gold und *Haute Bijouterie* angeboten wird.

Bei Hermès gibt es vier Silberschmuck-Linien: *Chaîne d'Ancre, Kelly, Pferdesport* und *Ikonen*. Das Motiv *Chaîne d'Ancre* wird in unendlich vielen Versionen und Größen variiert, sogar in einer modernen Punk-Interpretation. Die Kollektion *Kelly* ist eine Hommage an die berühmte *Kelly* Bag: Lange und kurze Colliers mit skulpturalen Proportionen, Ohrringe, Ringe und Anhänger spielen mit ihren ikonischen Details. Die Linie *Pferdesport* greift das Motiv *Collier de Chien* auf, das 1949 erstmals eingeführt wurde und heute eine Erkennungsmerkmal des Hermès-Schmucks ist, sowie das *Ex-Libris,* von Émile-Maurice Hermès 1923 gezeichnet, das zu den bekanntesten *Carré*-Designs gehört. Alle Schmuckstücke der Linie *Ikonen* beziehen sich auf die klassischen Hermès-Lederwaren wie die Taschen *Birkin, Kelly* und *Constance* und zitieren ihre unverwechselbaren Stilelemente.

Auch der Goldschmuck von Hermès bezieht sich auf die Linien *Chaîne d'Ancre, Kelly, Pferdesport* und *Ikonen*, mit polierten Oberflächen, manchmal besetzt mit funkelnden Diamanten. Dazu kommt die Linie *Precious Moments,* die hauptsächlich Ringe mit bunten Edelsteinen und Diamanten, Eheringe und Stücke umfasst, die für liebevolle Beziehungen stehen.

Erst im Jahr 2010 stieg die Maison Hermès in die *Haute Bijouterie* ein. Zu diesem Bereich zählen die wertvollsten Stücke aus den Ateliers Hermès – allesamt Entwürfe des französischen Designers Pierre Hardy.[4]

Kelly Choker, Roségold und Diamanten, 2020er Jahre. Für das Design des Colliers *Kelly Choker* standen Elemten der ikonischen *Kelly* Bag Pate, beide sind Botschafter der Eleganz und Kunstfertigkeit des französischen Unternehmens.

In der Welt der Edelsteine

Hardy, der bereits seit 1990 künstlerischer Leiter der Schuhkollektionen bei Hermès war, wurde vom damaligen Vorsitzende Jean-Louis Dumas im Jahr 2001 auch die künstlerische Leitung des Schmuckbereichs übertragen.

Hardys Stil und Ästhetik zeichnen sich durch streng geometrische Formen, chromatische Kontraste und die geschickte Balance aus Modernität und Handwerkskunst aus.[5]

Der Designer begann mit der Gestaltung von feinem Silberschmuck. Da er bereits mehrere Jahre bei Hermès tätig war, kannte er das Universum der Marke in- und auswendig. Für seine erste Silberschmuckkollektion griff er die Formen auf, die die Ästhetik der Marke geprägt hatten, und verwendete historische Motive wie *Chaîne d'Ancre, Clou d'H,* die *Kelly* Bag, das Vorhängeschloss und das *Collier de Chien.* Erst im zweiten Schritt näherte er sich der *Haute Joaillerie.* Für seine Silberschmuckkollektion schuf Hardy den Armreif *Galop* (eine Ode an die Branche, in der Hermès begonnen hatte) in Form eines skulpturalen Pferdekopfes.

Hardys erste *Haute-Joaillerie*-Kollektion für Hermès kam 2010 heraus. Zu dieser Linie zählen die Halskette *Fouet* (Peitsche) mit ihrer dynamisch geschwungenen Peitschenform, die wie eine Reitgerte geflochten und mit Diamanten besetzt ist, sowie der Ring *Centaure*, eine grafische Interpretation eines Pferdehufs – beides in guter Tradition von Hermès, dem Luxuskonzern, der als Sattlerei begann.

Seitdem hat Hardy mit immer raffinierteren Konzepten und ausgefeilteren Techniken ein völlig neues Vokabular für den Hermès-Schmuck entwickelt und dabei neue Designs gefunden. Für Hardy „verkörpert ein Schmuckstück die Idee, Licht auf einen Teil des Körpers zu werfen: auf ein Handgelenk, ein Fingergelenk, das Schlüsselbein. Die Aufgabe des Juweliers besteht darin, dieses Licht einzufangen und zu reflektieren."[6] Mit der Zeit experimentierte Hardy mit immer radikaleren Ideen und begann, eine völlig neue Welt für den Stil und das Erbe von Hermès zu imaginieren. „Jeder von uns hat ein Bild vom typischen Hermès-Vokabular. Ich wollte das Bild zum Leben erwecken, vielleicht neue Vokabeln, neue Formen erfinden, eine neue Art, das Hermès-Universum zu interpretieren."[7]

Mit der im Jahr 2019 vorgestellten Schmuckkollektion *Black to Light* läutete die Maison Hermès einen stilistischen Wendepunkt in ihrer Geschichte ein. Sie erforschte den Kontrast zwischen schwarzen Edelsteinen und der Strahlkraft von Roségold. Die Kollektion umfasste über 20 Stücke, darunter Colliers, Armbänder und Ringe, die schwarze Jade und schwarze Spinelle mit elegantem Roségold kombinieren. Dies erzeugt „strahlende Dunkelheit", ein Oxymoron, das Hardy als die moderne Essenz der Kollektion beschreibt.

Zu den ungewöhnlichsten Stücken gehören das Armband und die Halskette *Niloticus Lumière* aus Roségold, schwarzer Jade und Diamanten, das auf die Eleganz von Nilkrokodilen anspielt. Die Kollektion interpretiert vier emblematische Formen aus dem Hermès-Repertoire neu: *Chaîne d'Ancre,* das von der berühmten Tasche inspirierte *Kelly*-Motiv, *Galop* mit seiner Pferdekopf-Form und *Collier de Chien.*

Mit der Werbekampagne „Inspired tools" zum Thema Handwerk, die in Kooperation mit der Agentur Publicis Et Nous entstand, gewann Hermès 2012 den 27. Grand Prix de la Publicité der Zeitschrift *Presse Magazine*.

Die innovative Verwendung schwarzer Edelsteine, die zu schleifen und zu polieren großes Geschick erfordert, verleiht dem Schmuck eine raffinierte zeitgenössische Ästhetik und beweist die Fähigkeit von Hermès, Tradition und Moderne in zeitlosen Kreationen zu vereinen.

Mit der Kollektion *Lignes Sensibles* erforschte Hardy die emotionale und physische Verbindung zwischen Schmuck und Körper. Sie besteht aus 45 Stücken, die in fünf Linien unterteilt sind (*À l'écoute, Ondes miroirs, Hermès Réseau lumière, Contre la peau* und *Filière sensuelle*), und umfasst Colliers, Armbänder, Ringe und Ohrringe, die den Rundungen des Körpers folgen und die Symbiose zwischen Schmuck und Haut betonen. Die Kreationen bestehen aus Roségold und zartfarbigen Steinen wie grünem Prehnit, Turmalin und Diamanten, die die Schattierungen von Haut und Augen widerspiegeln.

Sinnlichkeit, Verspieltheit, Licht und Leichtigkeit zeichnen die Kollektion *Kellymorphose* aus, die als Wanderausstellung an den renommiertesten Hermès-Standorten gezeigt wird. Für die Gestaltung dieser Schmuckstücke analysierte Hardy die charakteristischen Elemente der *Kelly* Bag: die Trapezform, die Schließe, die Riemen, den Schlüssel und das Schlüsseletui. Zu den emblematischsten Stücken zählt das Collier *Kelly Gavroche* in Form eines Taschenriemens, der wie ein Schal seitlich geknotet ist und vollständig mit Diamanten in unterschiedlichen Schliffen besetzt ist.

Die Kollektion *Les Jeux de l'Ombre* (2022) wurde vom Zusammenspiel von Licht und Schatten inspiriert und macht das Ungreifbare greifbar. Sie besteht aus 53 Stücken in edlen Materialien wie Roségold, Diamanten, Saphiren und schwarzen Spinellen, die Schatten auf den Körper der Trägerin zu werfen scheinen. Die Kombination aus Hell und Dunkel verleiht den Kreationen Tiefendimension. Zu den herausragendsten Stücken gehört die Halskette *Fouet Ombré* aus Roségold mit braunen Diamanten und nachtblauen Saphiren, die das Motiv einer Pferdepeitsche, einem ikonischen Hermès-Motiv, neu interpretiert.

Die Kollektion *Les Formes de la Couleur* (2024) erforscht das Thema Farbe und die Beziehung zwischen Farbe und Form. Hardy besann sich auf seine künstlerische Ausbildung, bezog sich auf Farbtheorie und schuf mit bunten Edelsteinen kraftvolle, überaus sinnliche Kompositionen. Die 22 Stücke der Kollektion sind in Kapitel von jeweils einzigartiger Ästhetik eingeteilt. *Portraits de la Couleur* beinhaltet Ringe mit überraschenden Kombinationen aus geometrischen Formen und Farben wie quadratische Rubine, dreieckige Berylle und runde Saphire. *Fresh Paint* zeigt Schmuck, der bemalte Steine imitiert und dank akribischer Handwerkskunst Arabesken und schattierte Texturen erzeugt. Die Stücke des Kapitels *Arc en Couleurs* zeichnen sich durch wellenförmige, weiche Formen aus, die sich den Rundungen des Körpers anpassen. Ihr Farbverlauf ergibt sich aus fast 1400 Steinen in zarten Farben. Zum Kapitel *Hermès Diaprés* gehören Ringe, Armbänder und Colliers mit Diamanten oder Saphiren im Smaragdschliff und Akzenten aus Perlmutt und Steinen im Baguetteschliff. *Supracolor* präsentiert architektonische Stücke, die die Lichtstreuung demonstrieren, wie einen einzigartigen Halsschmuck aus Rutilquarz und einen Diamanten im Dreiecksschliff.

Mit seiner unglaublichen Kreativität und seinem Respekt vor der traditionellen Handwerkskunst wird Hardy die Modewelt auch zukünftig durch Kreationen beeinflussen, die Funktionalität und Ästhetik vereinen, stets im Sinne der Philosophie des Hauses: unaufdringlicher Luxus.

„Mein Schmuck spiegelt stets das Mantra von Hermès wider: höchstmögliche Diskretion bei maximaler Bewegungsfreiheit. Diese Philosophie habe ich erst richtig verstanden, als ich sah, wie Pferdesättel hergestellt werden: Alles wird der Bewegungsfreiheit des Pferdes untergeordnet. Mein Konzept ist dasselbe. Auch wenn Schmuck theoretisch getragen wird, um aufzufallen."[8]

Armreif aus Roségold und schwarzen Spinellen im Baguetteschliff (links) und ein Reif aus Weißgold mit Diamanten im Baguetteschliff (rechts), beide aus der Kollektion *Kellymorphose*, 2022.

HERM

PAR

EXPERTEN

Rachel Koffsky

ACCESSOIRES ALS KUNSTWERKE

Rachel Koffsky ist seit 2022 Senior Vice President und internationale Leiterin der Abteilung Handtaschen und Accessoires bei Christie's. Sie begann ihre Karriere im 2014 bei dem Auktionshaus als Expertin für Taschen und Accessoires. Nachfolgend erklärt sie, welche Werte Hermès-Taschen und Schmuck von Hermès darstellen.

Seit Mitte der 2000er Jahre hat sich der Markt für Luxus-Handtaschen aus zweiter Hand zu einem bedeutenden Wirtschaftszweig entwickelt. Dieses Phänomen ist auf verschiedene Faktoren zurückzuführen, darunter ein zunehmendes Umweltbewusstsein, der Wunsch nach Wertschöpfung und Nachhaltigkeit sowie die wachsende kulturelle Akzeptanz von Secondhand-Artikeln.

Laut einem 2023 veröffentlichten Bericht von Future Market Insights (FMI) hat der weltweite Markt für Secondhand-Taschen einen Wert von etwa 6,3 Milliarden US-Dollar und wird bis 2033 voraussichtlich 11,4 Milliarden US-Dollar umfassen, mit einer durchschnittlichen jährlichen Wachstumsrate (CAGR) von 6,10 Prozent im prognostizierten Zeitraum. Angesichts dieser Zahlen spricht vieles dafür, dass Hermès hier eine Schlüsselrolle spielen wird.

„Der Sekundärmarkt ist das dynamischste Segment der gesamten Mode- und Accessoires-Branche. Dieses beeindruckendes Wachstum ist mit dem radikalen Imagewandel von Secondhandware verbunden. Galt ‚Vintage' früher als weniger begehrenswert als ‚neu', so steht diese Kategorie, die Dingen ein ‚zweites Leben' verheißt, heute für Exklusivität, Seltenheit und Einzigartigkeit", erklärt Koffsky.

Der Kauf gebrauchter Artikel ist heute, im Gegensatz zu früher, gesellschaftsfähig. Viele Prominente und Influencer unterstützen den Kauf von Vintage-Produkten aktiv und verleihen ihnen damit einen Hauch von Glamour.

Ein ganz wesentlicher Faktor für das Wachstum des Marktes für gebrauchte Luxustaschen ist die zunehmende Sensibilität für Nachhaltigkeit.

Rachel Koffsky, Senior Vice President und internationale Leiterin der Abteilung Handtaschen und Accessoires beim Auktionshaus Christie's.

Die Verbraucher achten heute bewusst auf Nachhaltigkeit, sowohl bei der Produktion von Luxusartikeln als auch bei ihrem Konsum. Der Kauf einer Secondhand-Handtasche ist eine Möglichkeit, nachhaltiger zu konsumieren, zur Wertschöpfung beizutragen und seinen ökologischen Fußabdruck zu verringern.

Die Analyse des Vintage-Marktes ergab weiterhin, dass Luxusaccessoires eine bedeutende Investition darstellen können. Der Secondhand-Markt ermöglicht es Verbrauchern, hochwertige Produkte zu niedrigeren Preisen zu erhalten. Darüber hinaus können Luxusartikel, die in limitierter Auflage oder individuell gefertigt wurden oder deren Produktion eingestellt wurde, ihren Wert mit der Zeit steigern.

„Der Reiz von Hermès-Taschen liegt in ihrer Seltenheit, ihrer hochwertigen Verarbeitung und dem Wert der Marke. Eine limitierte oder maßgeschneiderte *Birkin*-Tasche aus exotischem Leder, verziert mit Edelmetallen oder Edelsteinen, kann bei einer Auktion einen Preis erzielen, der ihren ursprünglichen Kaufpreis bei Weitem übertrifft. Da diese Taschen oft nur für eine ausgewählte Kundschaft verfügbar sind und es jahrelange Wartezeiten gibt, werden sie aufgrund ihrer Exklusivität zu Objekten der Begierde, was ihren Marktwert steigert", bestätigte Koffsky.

Die 2019 in stark limitierter Auflage lancierte *Birkin Faubourg* zeichnet sich durch ihr unverwechselbares Design aus: eine Hommage an die Fassade des Pariser Flagship-Stores von Hermès in der Rue du Faubourg Saint-Honoré 24, ergänzt durch das ikonische Vorhängeschloss und das Schlüsseletui aus Leder im charakteristischen Hermès-Orange. Die *Birkin Faubourg* ist die erste *Birkin* in der Breite von 20 Zentimetern und mit Sattlernähten veredelt.

Wertigkeit durch Konsistenz

Diese Fakten allein können die Leidenschaft der Sammler jedoch nicht vollständig erklären. Eine Marke macht auch die Summe der immateriellen Eigenschaften ihrer Produkte aus: des Namens, der Verpackung, des Preises, der Tradition, des Renommees und des Marketing. Hermès gilt in Hinblick auf Qualität, Stil, Exklusivität und Ideenreichtum als einzigartig.

„Die Geschichte des Modehauses begann 1837, als Thierry Hermès ein Sattleratelier für Pferdegeschirr, Zaumzeug und eben Sättel gründete. Von da an bis in die Gegenwart hat sich die Marke, unter der Leitung der nachfolgenden sechs Generationen, durch handwerkliches Können hervorgetan", so Koffsky. „Die heute gefertigten Sättel unterscheiden sich kaum von jenen aus dem späten 19. Jahrhundert. Die Doppelnaht *Sellier,* die im frühen 19. Jahrhundert in der Hermès-Werkstatt erfunden wurde, wird nach wie vor für die *Birkin* und alle anderen im Atelier in Pantin von Hand gefertigten Taschen verwendet. Diese einzigartige, haltbare und präzise Naht kann nur von Hand ausgeführt werden. Darüber hinaus verkörpert sie den Wert und die Wiedererkennbarkeit des Modehauses.

Die ikonischen orangefarbenen Schachteln haben zweifellos ihren Teil zur einzigartigen Identität der Marke beigetragen und sie mit definiert. Sie entstanden übrigens aus der Not heraus, da es während des Zweiten Weltkriegs an Papier in anderen Farbtönen mangelte. Heute sind sie genauso berühmt und unverkennbar wie die blauen Schachteln von Tiffany. Die Macht der Marke versteht man am besten, wenn man sich die „Pilgerreisen" vergegenwärtigt, die Hermès-Fans zum Hauptsitz in der Rue du Faubourg Saint-Honoré 24 machen, um die prächtigen Schaufensterauslagen, den eindrucksvollen Mosaikboden und die überwältigende Artikelvielfalt in der Boutique zu bewundern. Das Sortiment wurde im Laufe der Jahre stetig erweitert, ausschließlich durch Luxusartikel. Was Hermès herstellt wird gesammelt, geliebt und mit großer Hingabe gepflegt – egal ob es sich um ein Seidentuch, ein Schmuckstück, Porzellan oder eine Tasche der Maison handelt."

Vertrauen und Loyalität der Kundschaft sind wesentlich für die Geschichte der Marke. Diese beruhen auf der Beständigkeit der Werte, die die Marke verkörpert. Das aus einer Sattlerei hervorgegangene Unternehmen hat sein Produktsortiment im Laufe der Jahrzehnte um Kleidung, Accessoires, Parfüm, Uhren, Schmuck und Lederwaren erweitert. Trotz seiner Diversifizierung ist Hermès sich selbst außergewöhnlich treu geblieben. Sein Ruf fußt auf Produkten, die nicht nur luxuriös, sondern auch von Dauer sind und einen greifbaren Wert darstellen.

„Dies gilt insbesondere für die Taschen, die weitaus mehr als nur praktische Behälter sind: Sie sind tragbare Kunstwerken. Die *Kelly*-Taschen aus den 1950er-Jahren ähneln denen von heute in Stil, Design und Herstellung sehr. Bei Auktionen werden die Taschen *Birkin* und *Kelly* aus den 2020er Jahren neben ähnlichen Modellen aus den 1970er, 1980er und 1990er Jahren angeboten. Nur wenige andere Modehäuser können eine solche Beständigkeit vorweisen. Während viele Marken in Bezug auf Erfolg und Beliebtheit Höhen und Tiefen durchlaufen, erfreute sich Hermès immer großer Zustimmung."

Die *Bolide On Wheels* wurde für die Wiedereröffnung des Hermès-Stores in der Madison Avenue im Jahr 2022 entworfen und ist ein Beispiel für die unbekümmerte Seite der Kreativität bei Hermès. Einige Versionen in limitierter Auflage erzielten bei Christie's New York über 20 000 US-Dollar.

Tragbare Kunstwerke

Für Koffsky widerlegen die Accessoires von Hermès die Ansicht, dass Mode keine Kunst sei. Historisch war Kunst eine individuelle Schöpfung, die Frucht höherer Inspiration, und stand somit eine Klasse über dem Kommerz. Mode hingegen galt als Industriezweig, der in erster Linie Bedürfnisse des Alltags und des Marktes erfüllte. Wie zu Beginn dieses Buches ausgeführt, diskutierten Soziologen und Philosophen wie Georg Simmel, Roland Barthes, Thorstein Veblen und Jean Baudrillard den Stellenwert der Mode in der Gesellschaft und ihre Beziehung zur Kunst und kamen, ihrer Zeit entsprechend, zu unterschiedlichen Schlüssen.

In den 1980er Jahren vertraten Kritiker wie Michael Boodro und Remy G. Saissel die These, dass Kunst eine Stufe über dem Handel, dem Geld und dem Markt stehe; sie existiere um ihrer selbst willen, sei nicht zweckbezogen, diene allein der Betrachtung, überwinde die Zeit und sei von ewiger Dauer. Mode sei daher das genaue Gegenteil, erfülle eine Funktion und verändere sich naturgemäß ständig. Neuere Überlegungen gehen jedoch dahin, dass Mode und Kunst zumindest anfangs einen ähnlichen Ursprung im kreativen Akt haben und erst später unterschiedliche Wege beschreiten. Nicht zu vergessen natürlich, dass selbst die bildende Kunst der Marktlogik unterliegt.

Dank ihrer „ewigen" Natur lassen sich die Accessoires von Hermès als Objekte betrachten, die zwei Welten angehören, deren Grenzen verschwimmen. Wie jede Form des künstlerischen Ausdrucks behauptet sich auch die Mode als würdiger Bestandteil des ästhetischen Bereichs, wobei ihre Codes vollständig dem zeitgenössischen Ausdruck angehören und Accessoires wie Taschen und Schmuck für die soziale Konstruktion des Selbst eine wichtige Rolle spielen. Hermès gilt oft als immun für Trends, und so sind die *Kelly*- und *Birkin*-Taschen einzigartige, ikonische Stücke, die nie aus der Mode kommen.

Außergewöhnliche Ergebnisse

Koffsky zufolge zählen die *Birkin* und die *Kelly* zu den begehrtesten Taschen der Welt. Besonders gefragt sind Sonderanfertigungen und limitierte Auflagen wie die *Himalaya*-Versionen, die als „Heiliger Gral" gelten. Im November 2021 erzielte eine *Kelly Himalaya* mit diamantbesetzten Metallelementen bei Christie's Hong Kong einen Rekordpreis von vier Millionen Hongkong-Dollar (515 416 US-Dollar).

„Die *Himalaya* ist bei Sammlerinnen und Sammlern besonders begehrt", erklärte Koffsky. „Der Verkauf erfolgte zu einer Zeit, in der der Markt besonders dynamisch war, denn nach der Pandemie interessierten sich auf einmal viele neue Sammler für Auktionen. Diese Branche, die einst einem elitären inneren Kreis vorbehalten war, verzeichnet reales Wachstum und zieht dank der Digitalisierung ein immer größeres Publikum an. Vor kurzem wurde die *Kelly Clutch* in die Liste der begehrtesten Taschen aufgenommen, ebenso die *Birkin Faubourg* und die *Bolide on Wheels*."

Die *Birkin Faubourg* wurde 2019 für VIP-Kunden entworfen und in einer limitierten Auflage von 50 Stück produziert. Inspiriert ist sie von der Hermès-Boutique in Paris. Eine weiße *Birkin Faubourg* erzielte im Mai 2024 bei Christie's New York 189 000 US-Dollar, während Versionen in Meerblau sowie in Braun, Gold und Orange bei derselben Auktion 163 800 bzw. 151 200 US-Dollar erzielten.

Die von Jean Paul Gaultier im Jahr 2004 entworfene *Kelly Clutch* führt ihre Kategorie an: Ein Exemplar erzielte im Mai 2024 von Christie's New York 52 000 US-Dollar.

Schmuck und Seidentücher

Christie's verzeichnete nicht nur für Hermès-Taschen, sondern auch für Schmuck und berühmte Seidentücher der Maison bedeutende Verkäufe. Hermès-Schmuck ist von zeitlosem Charme; mit minimalistischem und zugleich raffiniertem Design begeistert er Modesammlerinnen und -liebhaber. Stücke wie das ikonische *Collier de Chien*-Armband oder die *Chaîne d'Ancre*-Halskette erzielten Rekordpreise, was die wachsende Anerkennung von Hermès-Schmuck widerspiegelt. Hermès-Seidentücher sind berühmt für ihre aufwendigen und kunstvollen Designs, deren oft detaillierte und symbolträchtige Motive Geschichten erzählen.

Solche rekordverdächtigen Verkäufe bei Christie's verweisen auf einen breiteren Trend auf dem Luxusmarkt, Objekte, die charakteristische Details, Handwerkskunst und Exklusivität einer Marke vereinen, zunehmend als Investition zu betrachten.

So lässt sich sagen, dass die lang anhaltende Attraktivität der Marke und ihre Position als Statussymbol auf dem Luxusmarkt ihr einen Platz in einer Welt sichern, die der bildenden Kunst näher steht als der Mode. Dieser Trend zeigt sich in den Verkäufen von Hermès-Taschen, -Schmuck und -Seidenschals bei Christie's. Sie spiegeln den wachsenden Trend wider, Mode und Accessoires aufgrund ihrer Seltenheit, ihrer Handwerkskunst und ihrer historischen Bedeutung als Anlageobjekte zu behandeln.

Morgane Halimi

EINE MARKE, DIE DIE ZEITEN ÜBERDAUERT

Die Erfahrungen von Morgane Halimi, Global Head of Handbags and Fashion bei Sotheby's, sind höchst relevant für das Verständnis des Marktes für gebrauchte Luxustaschen und -accessoires und die zentralen Rolle, die Hermès darin spielt.

Der schnell wachsende Zweitmarkt für Luxustaschen ist für die globale Luxusgüterindustrie von zunehmender Bedeutung. Angetrieben von Faktoren wie Nachhaltigkeit, finanziellem Wert und veränderten Verbrauchergewohnheiten erweist sich dieser einstige Nischenmarkt zunehmend als wesentlicher Bestandteil der globalen Luxusgüterindustrie. Dank steigender Nachfrage und neuen Möglichkeiten wird er auch in den kommenden Jahren für High-End-Marken und Investoren Bedeutung haben.

Morgane Halimi arbeitet international. 2021 kam sie zu Sotheby's, um die Abteilung für Handtaschen und Mode aufzubauen. Sie weist darauf hin, dass der Secondhand-Markt für Taschen das interessanteste Wachstum aufweist und die Marke Hermès auch bei steigenden Verkaufszahlen ihre Vormachtstellung behauptet.

„Zwischen 2022 und 2023 haben wir unseren Umsatz mit Vintage-Handtaschen verdoppelt. Der Anteil der Hermès-Taschen blieb jedoch unverändert: 90 % der bei Sotheby's versteigerten Vintage-Taschen sind von Hermès."

Dieser Trend ist auf allen Kanälen zu beobachten, bei Präsenzauktionen ebenso wie bei Online-Verkäufen und stationären Verkaufsstellen von Sotheby's in verschiedenen Städten, darunter Zürich und London. Hinzu kam kürzlich in Hongkong Sotheby's Maison mit dem Concept Store „Sotheby's Salon", der die gesamte erste Etage einnimmt. Das sorgfältig gestaltete Angebot präsentiert Objekte aus verschiedenen Kategorien auf einer Fläche: seltene Bücher, afrikanische Kunst, naturhistorische Objekte, Keramik, Taschen und vieles mehr.

Morgane Halimi, Global Head of Handbags and Fashion, Sotheby's.

Auktionen für Vintage-Luxus-Taschen sind ein sehr attraktives Marktsegment für Sammler, Investoren und Modebegeisterte, das einst einem elitären Zirkel vorbehalten war. Es verzeichnet beträchtliches Wachstum und zieht dank der Digitalisierung und der zunehmenden kulturellen Akzeptanz von Secondhand-Artikeln eine immer größere Käuferschaft an. Die digitale Technologie hat auch die Auktionsbranche massiv verändert. Dank Online-Plattformen und mobilen Apps ist es einfacher denn je, Auktionen zu verfolgen und in Echtzeit von überall auf der Welt zu bieten. Darüber hinaus, so Halimi, „scheinen viele Menschen Auktionen als ‚Spiel' zu empfinden und Spaß daran zu haben".

Auktionen für gebrauchte Luxustaschen bieten zahlreiche Vorteile gegenüber traditionellen Vertriebskanälen, darunter die Möglichkeit, seltene oder Auslaufmodelle zu erwerben, die nicht mehr in offiziellen Boutiquen oder autorisierten Geschäften erhältlich sind. Für viele Sammler geht der Wert einer Luxustasche über ihren praktischen Nutzen hinaus: Sie möchten ein Stück Modegeschichte besitzen. Anderen geht es darum, schneller an ein gewünschtes Stück zu kommen, sei es ein exklusives Modell oder eine klassische *Birkin* Bag. Festpreisverkäufe über die Online-Plattform Buy Now ermöglichen es, ein Luxusobjekt ohne den Druck und die Unsicherheit des Bietens zu erwerben. Dasselbe gilt für Käufe in den stationären Verkaufsstellen von Sotheby's mit ihren Galerien, Showrooms und Ausstellungsflächen. Hier kann man die angebotenen Luxusartikel betrachten und anfassen – was online nicht vollständig reproduzierbar ist. Die Betrachtung eines Kunstwerks, eines Schmuckstücks oder eines edlen Designprodukts aus nächster Nähe ermöglicht es, Details und die handwerkliche Qualität der Produkte zu würdigen, was für fundierte Kaufentscheidungen wichtig ist. Darüber hinaus stehen in den stationären Verkaufsstellen Mitarbeiter den Kunden beratend zur Seite. Zu den personalisierten Dienstleistungen zählen Beratung zu Kauf, Verkauf und Sammeln, wodurch Kunden von der Erfahrung der Sotheby's-Spezialisten in verschiedenen Bereichen profitieren.

Constance 24 Au Bout du Monde, Limitierte Auflage, Swift-, Box-, Alligator-, Eidechsen-, Sombrero- und Ziegenleder in den Farbtönen *Bleu Encre, Bleu Zellige, Bleu de Malte, Bleu Nuit, Vert Cypres* und Schwarz mit emaillierten Metallelementen mit Palladiumauflage. Hermès, Frankreich, 2020. Diese Tasche wurde im April 2024 in Hongkong für 30 240 Euro verkauft. Die Version *Constance Au Bout de Monde* ist von dem gleichnamigen Seidentuch, einem Entwurf von Antoine Carbonne von 2016 inspiriert, dessen Blau- und Grüntöne es aufgreift.

Größen und Farben: weltweite Präferenzen

Auf internationaler Ebene lässt sich eine gewisse Vorliebe für kleinere Handtaschen feststellen, sodass Hermès die meisten seiner ikonischen Modelle in Miniaturversionen anbietet, von der *Bolide* bis zur *Lindy* und an der Spitze dieses Trends natürlich die begehrte *Mini Kelly II,* die 2016 auf den Markt kam. Die Vorlieben für Farben und Größen von Hermès-Taschen variieren von Land zu Land stark, beeinflusst von lokaler Kultur, Klima und sozioökonomischen Faktoren.

Halimi zufolge spielen Körperform und -größe bei der Auswahl eines solch persönlichen Gegenstands eine besondere Rolle. In den USA sind die Frauen oft von kräftigerer Statur, weshalb sie trotz des Interesses an Mini-Versionen viel größere Formate wählen. Darüber hinaus bevorzugen viele geräumige Taschen, weil sie oft den ganzen Tag unterwegs sind, und das in der Regel mit dem Auto. Daher zählen die *Birkin* 35 und die *Kelly* 32 bei ihnen zu den beliebtesten Modellen.

Hermès-Taschen werden in den USA in mehr Farbtönen gekauft, da die Kundinnen dort kräftigen Farben gegenüber offener sind. Eine Vorliebe für Rot, Orange und Grün spiegelt den kulturellen Trend zum persönlichen Ausdruck und zum Einzigartigen wider. Dieser Mut in der Mode wird durch die kulturelle Vielfalt und das breite Spektrum unterschiedlicher Lebensweisen im Land gefördert.

In Europa und Asien sind Frauen im Durchschnitt kleiner, weshalb sie auch eher kleinere Taschen bevorzugen.

In Europa sind mittelgroße Taschen verbreitet, etwa die *Birkin* 30 oder die *Kelly* 28. Sie sind praktisch für den täglichen Gebrauch und bieten ausreichend Platz für die wichtigsten Utensilien, ohne zu sperrig zu sein. Funktionalität und klassische Eleganz sind für die europäische Kundschaft ausschlaggebend.

Auf dem alten Kontinent verkaufen sich am besten klassische, schlichte Farbtöne wie Gold, Schwarz, Beige, Grau und Dunkelblau. Sie sind aufgrund ihrer Vielseitigkeit beliebt, da sie sich mit unterschiedlichsten Kleidungsstücken und Stilen kombinieren lassen. Europa blickt auf eine lange Tradition diskreter, raffinierter Eleganz zurück, und diese neutralen Töne spiegeln die kulturelle Vorliebe für Minimalismus und Understatement wider.

„Taschen in klassischen Erd-, Creme-, Schwarz- und Goldtönen und in Standardgrößen werden generell in Europa und weltweit geschätzt, sind daher am gefragtesten und werden am meisten verkauft. Der Secondhand-Markt ist besonders wichtig, weil er Stücke bietet, die in Boutiquen schwer zu finden sind“, so Halimi.

In Asien definieren verschiedene Faktoren die Vorlieben, darunter Klima, Kultur und die Größe der Wohnungen. Da in vielen asiatischen Städten der Platz begrenzt ist und die Menschen häufig öffentliche Verkehrsmittel nutzen, sind kleine und kompakte Taschen wie die *Kelly* 25 oder die *Mini Kelly* sehr beliebt. Diese kleinen Größen gelten als elegant und praktisch und eignen sich perfekt für den urbanen Lebensstil. In den meisten Ländern des Fernen Ostens sind Hermès-Taschen bei Männern sehr beliebt, insbesondere die *Birkin* 40 und die HAC-Modelle.

Farblich besteht eindeutige Präferenz für helle, zarte Töne wie Weiß, Hellbeige, Rosa und Hellblau. Diese Farben gelten als Symbole für Reinheit und Raffinesse, Werte, die in vielen fernöstlichen Kulturen einen hohen Stellenwert besitzen.

Oben – *Mini Roulis 18*, Limitierte Auflage, Leder in Granatrot und Violett, Metallelemente mit Palladiumauflage. Hermès, Frankreich, 2022. Ein Exemplar der *Mini Roulis* in limitierter Auflage erzielte im Oktober 2023 bei Sotheby's Hongkong 60 960 Hongkong-Dollar.

Unten – *Mini Kelly 20* aus Porosus-Krokodilleder, Farbton Bonbonrosa, Metallelemente mit Goldauflage. Hermès, Frankreich, 1997. Dieses Exemplar wurde bei Sotheby's Honkong im Februar 2023 für 1 206 500 Hongkong-Dollar verkauft.

Darüber hinaus werden in warmen und feuchten Klimazonen hellere Farbtöne bevorzugt, da sie das Licht der Sonne reflektieren und kühl und frisch wirken.

Halimi: „Im Orient sind Rosa und Grün in Mode. Aus diesem Grund bietet Hermès jedes Jahr Taschen in diesen Farben an. Sakura-Rosa, das geöffnete Kirschblüten evoziert, und Bubblegum-Rosa sind im Fernen Osten begehrt. Rot in verschiedenen Schattierungen erfreut sich dagegen im Nahen Osten großer Beliebtheit."

Im Nahen Osten werden Hermès-Taschen oft als Statussymbol gekauft. Satte und leuchtende Farben wie Burgunderrot, Königsblau und Smaragdgrün sind Bestseller und spiegeln eine Vorliebe für Opulenz und Üppigkeit wider. Diese Farben werden oft mit Adel und Prestige in Verbindung gebracht und erfreuen sich in der lokalen Kultur eines hohen Stellenwerts. Wie überall auf der Welt werden kleinere Modelle bevorzugt, wenngleich auch Interesse an größeren besteht, wie etwa der *Birkin* 35.

Rekordergebnisse in drei Kategorien

Im Hinblick auf die Auktionsergebnisse erzielen drei Kategorien Rekordpreise. Natürlich zählt dazu die Kategorie „Heiliger Gral" mit den diamantbesetzten Versionen der *Kelly* und der *Birkin* und den *Himalaya*-Kollektionen. Die *Kelly Himalaya* wird besonders wegen ihres eingefärbten Krokodilleders geschätzt, das mit seinem Farbverlauf von Weiß nach Grau den Himalaya evoziert. Die Komplexität und der Zeitaufwand, die die Herstellung einer solchen Tasche erfordern, steigern ihren Wert und weisen sie als wahre Meisterwerke der Handwerkskunst aus.

Ein bemerkenswertes Beispiel ist die *Kelly Himalayan 25* Retourné aus Niloticus-Krokodilleder, Farbton *Blanc Matte* mit Metallelementen mit Palladiumauflage, die 2022 in Paris für 352 800 Euro verkauft wurde. Der Preis ist durch die Seltenheit der Tasche, die Komplexität ihrer Herstellung und das Prestige, das mit dem Namen Hermès verbunden ist, begründet.

Die zweite Kategorie sind die „Vintage-Meisterwerke", zu denen die begehrtesten Modelle der Vergangenheit gehören, die in der Regel nicht mehr gefertigt werden, aber in perfektem Zustand sind. Dazu zählen einige ikonische Modelle aus der Ära von Jean Paul Gaultier, wie die *Teddy*-Kollektion von 2005. Ein bemerkenswertes Beispiel ist die *Birkin So Black* 35 aus Alligatorleder in Mattschwarz aus dem Jahr 2011, die im Juni 2024 in New York für 132 000 US-Dollar verkauft wurde.

Die drittbeliebteste Kategorie bei Auktionen sind limitierte Auflagen. Dazu gehören in der Regel Taschen, die die Kreativität von Hermès und die Fähigkeit der Marke,

Klassiker neu zu erfinden, bezeugen. An der Spitze dieser Kategorie stehen die *Birkin Faubourg* 20, die es in fünf Farben gibt, und die *Kellywood,* die, wie der Name schon sagt, aus Holz besteht. Auch andere Modelle gibt es in limitierten Auflagen, beispielsweise die *Constance*.

Verschiedene Variablen beeinflussen die Endpreise der bei Sotheby's versteigerten Hermès-Taschen. Seltenheit ist entscheidend: Limitierte Auflagen oder Taschen aus exotischen oder seltenen Materialien wie Krokodil-, Straußen- oder Eidechsenleder erzielen tendenziell höhere Preise. Der Zustand der Tasche ist wichtig: Besonders gefragt sind Taschen in ausgezeichnetem Zustand, vorzugsweise mit Originalverpackung.

Neben den materiellen Eigenschaften des Objekts können auch die Geschichte und die Herkunft einer Tasche ihren Wert beeinflussen. Wenn Taschen aus dem Besitz von Prominenten stammen oder bei wichtigen kulturellen Veranstaltungen präsentiert wurden, können sie Rekordpreise erzielen. Die Geschichte einer Tasche kann einen erheblichen immateriellen Wert darstellen, der über das physische Objekt hinausgeht.

„Eine Hermès-Tasche ist so schwierig zu erwerben, dass jemand, dem das geglückt ist, sich als Teil einer exklusiven Gruppe empfindet, der dieselben Werte wichtig sind: diskreter, nachhaltiger Luxus, der sie dazu veranlasst, ein Objekt mit einem bekannten Design zu wählen, das aber sein Logos zurückhaltend präsentiert.

Darüber hinaus hält die Marke ihr Versprechen: Eine Hermès-Tasche ist für die Ewigkeit. Bei sachgemäßer Verwendung lässt sie sich immer reparieren, sodass sie wieder wie neu ist. Sie ist ein sorgfältig gefertigtes Produkt, das mit einem Kunstwerk verglichen werden kann. Die Tatsache, dass Hermès seine gesamte Kollektion ständig erneuert, ist ein weiterer Pluspunkt für seine Kundschaft."

Accessoires und der Wert von Design

Bei Sotheby's erzielten die von Hugo Grygkar und Dimitri Rybaltchenko entworfenen Seidentücher sowie die limitierten Auflagen von Comme des Garçons Rekordpreise. Auch Hermès-Schmuck gilt heute als sammelwürdig.

Der Verkauf von Hermès-Schmuck folgt Halimi zufolge der gleichen Dynamik wie der von Taschen, da es sich um klassische, zeitlose Objekte handelt. Die Käufer sind hauptsächlich Hermès-Sammler, nicht generell Schmuckbegeisterte. Ob in Gold oder Silber, die Vintage-Kollektionen sind von exklusiver Ausführung und sehr beliebt. Aufgrund ihres herausragenden Designs sind die Vintage-Schmuckkollektionen in Gold und Silber gleichermaßen gefragt.

Jan Schoormans & Peter van der Bel

DAS PERSÖNLICHKEITSPROFIL VON HERMÈS

Gemäß dem Fünf-Faktoren-Modell der Persönlichkeit lässt sich Hermès als Luxusmarke klassifizieren, die Kreativität, Präzision, Empathie und Stabilität verkörpert und schlichte Eleganz gegenüber auffälliger Extravaganz bevorzugt.

Das Fünf-Faktoren-Modell (auch OCEAN-Modell oder einfach „Big Five") ist eine psychologische Theorie, der zufolge sich eine Persönlichkeit anhand von fünf Kriterien definieren lässt. Diese sind: Offenheit für Erfahrungen, Gewissenhaftigkeit, Extraversion, Verträglichkeit und Neurotizismus. Dieses Modell dient in der Psychologie häufig dazu, menschliches Verhalten, persönliche Beziehungen und individuelle Unterschiede zu analysieren.

Offenheit für Erfahrungen bewertet die intellektuelle Neugier, die Fantasie und das Interesse an Neuem. Menschen mit einer hohen Punktzahl in diesem Bereich sind in der Regel kreativ, wissbegierig und offen für Neues. Geringe Offenheit spricht für traditionelles Denken und wenig Bereitschaft zu Veränderung.

Die Kategorie Gewissenhaftigkeit misst, inwieweit eine Person organisiert, diszipliniert und zielorientiert ist. Gewissenhafte Menschen sind zuverlässig, akribisch und diszipliniert. Ein geringer Wert in dieser Kategorie spricht für Impulsivität, Unorganisiertheit oder Neigung zu Prokrastination.

Die Extraversion misst den Grad der Geselligkeit, des Austauschs und der Suche nach sozialen Reizen. Extrovertierte Menschen sind gerne mit anderen zusammen und begeisterungs- und durchsetzungsfähig. Introvertierte hingegen bevorzugen eine ruhige Umgebung und neigen zu Zurückhaltung und Nachdenklichkeit.

Die Verträglichkeit misst die Fähigkeit einer Person, einfühlsam, kooperativ und freundlich im Umgang mit anderen zu sein. Personen mit einem hohen Wert in

Peter van der Bel, Experte für Sprache in der Verhaltensforschung, ist Mitbegründer des in Amsterdam ansässigen Centre for Applied Product Personality Research.

Jan Schoormans ist emeritierter Professor für Verbraucherverhalten an der Technischen Universität Delft in den Niederlanden. In seiner Forschung hat er sich auf die Entwicklung von Konzepten und die visuelle Bewertung der Produktpersönlichkeit konzentriert. Mit seiner Forschung hat er gezeigt, dass eine Übereinstimmung zwischen der Persönlichkeit eines Individuums und der eines von ihr ausgewählten Produkts besteht. Im Jahr 2011 gründete er zusammen mit Peter van der Bel das Center for Applied Product Personality Research (Cappr). Das Zentrum entwickelt Methoden zur Bewertung der Persönlichkeit von Menschen, Produkten und Dienstleistungen.

diesem Bereich sind im Allgemeinen altruistisch, vertrauensvoll und kooperativ. Ein niedriger Wert in diesem Bereich spricht dagegen für eine kritische, wettbewerbsorientierte und wenig kompromissbereite Persönlichkeit.

Neurotizismus bezieht sich auf eine geringe emotionale Stabilität und die Tendenz zu negativen Emotionen. Personen mit einem hohen Grad an Neurotizismus sind anfälliger für Stress, während Personen mit niedrigen Werten tendenziell ruhiger und emotional widerstandsfähiger sind.

Das Fünf-Faktoren-Modell wird in verschiedenen Bereichen eingesetzt, von der Personalbeschaffung über die psychologische Beratung bis hin zur akademischen Forschung. Seine Stärke liegt darin, einen klaren, wissenschaftlich validierten Überblick über individuelle Persönlichkeitsunterschiede zu geben und ein tieferes Verständnis von menschlichem Verhalten und sozialer Dynamik zu bieten.

Jan Schoormans, Professor für Verbraucherverhalten an der Technischen Universität Delft in den Niederlanden, und der Linguist Peter van der Bel haben das Modell auf weltweit führende Mode- und Luxusmarken angewendet und ihnen so ein Persönlichkeitsprofil zugewiesen.

Den beiden Experten zufolge lassen sich Produkt- und Markenpersönlichkeiten mit Begriffen beschreiben, die jenen für menschliche Persönlichkeitsmerkmale ähneln. Dadurch ist es möglich, bestimmte Produkte zu identifizieren, mit anderen zu vergleichen und potenzielle Korrelationen zu ermitteln. Die Persönlichkeit einer Marke ist bedeutsam, weil sie die Vorlieben ihres Benutzers widerspiegelt.

Laut van der Bel und Schoormans „basiert diese Idee auf dem Konzept ‚Gleich und Gleich zieht sich an'.[1] In der Tat konnten zahlreiche psychologische Studien nachweisen, dass affine Persönlichkeiten zweier Individuen ihr Interesse, einander kennenzulernen und eine Beziehung einzugehen, deutlich erhöht. Untersuchungen zeigen, dass dasselbe Phänomen auch auf die Persönlichkeit einer Person und die eines Produkts zutrifft. Demzufolge bevorzugen Verbraucher im Allgemeinen Produkte, deren Persönlichkeit ihrer eigenen ähnelt. Dies gilt auch für Hermès."

Diese Experten haben die Big-Five-Persönlichkeit der Luxusmarke Hermès erstellt und die mit jedem Merkmal verbundenen Werte erläutert.

Offenheit für Neues ist für die französische Marke zentral. Handwerkskunst und Kreativität zeichnen Hermès aus, das für seine Hingabe an hochwertige Fertigung von Hand und Innovation bekannt ist und zeitlose Stücke von kreativem Charakter produziert, die Tradition und Innovation vereinen. Ein weiteres Zeichen für die Experimentierfreudigkeit des Hauses ist seine Begeisterung für künstlerische Zusammenarbeit, durch die es sich neue Horizonte erschließt. Ein dritter Aspekt, der seine große Offenheit bestätigt, ist die Entscheidung, Innovation durch Tradition zu fördern: Obwohl Hermès eng in seiner Geschichte verwurzelt ist, passt sich das Unternehmen durch frische Interpretationen klassischer Stile dem zeitgenössischen Geschmack an und beweist so ein hohes Maß an geistiger Offenheit.

Die *Gewissenhaftigkeit* dieser Luxusmarke erzielt nach den Berechnungen von van der Bel und Schoormans einen sehr hohen Wert. Davon zeugt jedes einzelne Produkt der Marke. Die Verarbeitung der Hermès-Produkte zeichnet sich durch Präzision, Liebe zum Detail und fachkundige Verwendung der besten Materialien aus. In der Tat stellt das Modehaus gegenüber der Kundschaft konsequent die Werte der Zuverlässigkeit und Verantwortung unter Beweis. Ebenso hält Hermès stets einen hohen Qualitätsstandard ein: Die strengen Qualitätskontrollen der Marke und die Designs, die Trends überdauern, resultieren aus sorgfältiger Planung und sind Beweis für eine langfristige Vision. Die Selbstverpflichtung der Marke zu Nachhaltigkeit bestärkt das Konzept der Gewissenhaftigkeit, da ihre nachhaltigen Praktiken garantieren, dass ihre Produkte nicht nur luxuriös sind, sondern auch auf ethische und verantwortungsvolle Weise entstehen.

Die *Extraversion* der Marke ist dagegen moderat, was nicht verwundert, wenn man bedenkt, wie wichtig Exklusivität für das Unternehmen ist. Der Kommunikationsstil von Hermès ist selektiv: Die Marke setzt auf diskrete, aber effektive Marketingkampagnen mittels Storytelling und Exklusivität statt auf aggressive Werbung. Der Kommunikationsstil von Hermès ist von Understatement und Eleganz geprägt, seine Botschaften verweisen auf die Geschichte und das Erbe der Marke. Dies resultiert in einer konsistenten, gut definierten Medienpräsenz, die das Image der Marke als Symbol für raffinierten Luxus stärkt.

Ebenso wird das Einkaufserlebnis in den Hermès-Boutiquen sorgfältig kuratiert. Die intimen, einladenden Räume spiegeln die Eleganz und das Erbe des Hauses wider. Das gesamte Erlebnis zielt auf eine persönliche Interaktion mit der Kundschaft statt nur auf einen Verkaufsabschluss. Auch die Vertriebsstrategie ist darauf ausgerichtet, die Kohärenz und Beständigkeit der Marke zu stärken. Trotz globaler Reichweite war Hermès im Hinblick auf den Vertrieb stets wählerisch, indem es die Verfügbarkeit seiner Produkte einschränkte und seine Vertriebskanäle streng kontrollierte. Das wahrt die Exklusivität der Marke und garantiert, dass jede Verkaufsstelle die Qualitätsstandards einhält, die die Muttergesellschaft und die Identität der Gruppe vorgeben.

Die *Verträglichkeit* der Marke ist hoch, dank einer Philosophie, die den Kunden in den Mittelpunkt stellt. Hermès legt Wert auf erstklassigen Service, der auf langfristige Kundenbeziehungen ausgerichtet ist. Das Unternehmen hat eine leicht erkennbare Ästhetik mit einem eleganten Design und klaren Linien entwickelt, die ein breites Spektrum von Menschen anspricht, ohne seine Identität zu zerstören. Dank dieser Beständigkeit vermochte es mit der Zeit eine einfühlsame Kommunikation zwischen der Marke und ihrer Kundschaft aufzubauen. Die Verträglichkeit wird dadurch verstärkt, dass die Marke die Werte einer „Familie" verkörpert: Sie bezieht ihre Materialien verantwortungsbewusst und achtet auf Gleichberechtigung am Arbeitsplatz. Dieses Verhalten steht für höchsten Ethos.

Der *Neurotizismus*-Wert der Luxusmarke ist dagegen niedrig, da ihre Identität recht stabil ist. Die visuelle Identität ist über alle Produkte und Kommunikationsmittel hinweg einheitlich. Dies schafft eine konsistente Ästhetik, vermittelt aber auch Ruhe und Sicherheit. Dank akribischer Qualitätsstandards kann die Marke Produktmängel auf ein Minimum beschränken, was dem Markt Zuverlässigkeit und Vertrauenswürdigkeit vermittelt. Hermès meistert auch schwierige Situationen taktvoll und professionell und vermeidet Skandale und Imageschäden.

Abschließend heben van der Bel und Schoormans hervor, dass sich die Kontinuität und die Kohärenz der Marke Hermès einer harmonischen Einheit aus Tradition, handwerklicher Qualität, Ästhetik und Innovation verdanken. Durch unerschütterliche Liebe zum Detail, eine exklusive Vertriebsstrategie und eine ausgefeilte Kommunikation ist es Hermès gelungen, seine Identität trotz Expansion und aller Veränderungen des globalen Marktes intakt zu halten. Dank dieser Beständigkeit konnte es sich nicht nur eine starke Reputation schaffen, sondern auch der Zeit trotzen: Bis heute ist das Unternehmen Inbegriff für Luxus und Qualität.

Scannen Sie den QR-Code und finden Sie in einem kurzen Test heraus, wie stark Ihre Persönlichkeit mit der von Hermès übereinstimmt.

Beppe Vicenti

KOHÄRENZ UND AUTHENTIZITÄT IN DER MARKENPHILOSOPHIE VON HERMÈS

Authentische Marken heben sich in einem überfüllten Markt ab, indem sie ihre Werte vermitteln und ihre Identität als einzigartig und klar definiert präsentieren.

Durch Schaffung einer Markenidentität, die die Werte der Marke widerspiegelt, schlägt ein Unternehmen eine Brücke zwischen dem, was es repräsentieren möchte, und der Wahrnehmung seiner Zielgruppe. Eine klar definierte Identität erhöht nicht nur die Wiedererkennbarkeit und die Kohärenz der Marke, sondern erleichtert auch die Kommunikation, indem sie Menschen, die ihre Werte und Prinzipien teilen, direkt erreicht.

Für den Aufbau eines Unternehmensimages ist das Herausarbeiten der Grundwerte der Markenidentität der entscheidende erste Schritt. Diese Werte definieren nicht nur das Wesen der Marke, an ihnen orientieren sich auch alle zukünftigen Entscheidungen, von den Kommunikationsstrategien bis hin zum visuellen Design.

Die Philosophie der Marke Hermès lässt sich in einem Satz des ehemaligen CEO Jean-Louis Dumas zusammenfassen: „Wir haben keine Imagepolitik, wir haben eine Produktpolitik", so Beppe Vicenti, Experte für die semantischen Prozesse, die der Welt der Marken und der Werbekommunikation zugrunde liegen.

Die Identität der Marke ist tief im Bereich des Luxus und der Exklusivität verankert. Basierend auf diesen Prinzipien hat die Marke die Herstellung von Massenartikeln stets vermieden. Hermès zufolge soll jedes einzelne Produkt, das unter dem Namen der Marke herausgebracht wird, die komplexe und wertvolle Arbeit des Kunsthandwerkers widerspiegeln, der es gefertigt hat.

Beppe Vicenti widmet sich seit über 30 Jahren der Entwicklung von Märkten und anderen komplexen Handelssystemen und beobachtet insbesondere, wie sich deren Bedeutungs- und Kommunikationsprozesse verändern. Er konzentriert sich auf die tiefgreifenden Dynamiken, die das Kauf- und Konsumverhalten antreiben, und unterstützt Unternehmen bei der Entwicklung innovativer Marketingstrategien. Neben zahlreichen Lehrtätigkeiten an Universitäten und Fachschulen war er als Gastdozent an der Fakultät für Schmuckgeschichte der Universität Mailand tätig. Mit White Star hat er an dem Titel *ROLEX: Philosophie* zusammengearbeitet.

Kunsthandwerk und Exklusivität

Zu den wichtigsten Werten von Hermès zählt die Handwerkskunst. Das Unternehmen misst ihr einen sehr hohen Stellenwert bei, da sie über die Produktqualität bestimmt.

Jedes Hermès-Produkt wird mit größter Sorgfalt von hochqualifizierten Handwerkern hergestellt, die oft im Unternehmen selbst ausgebildet wurden. Die Professionalität aller *Métiers* ist ein wertvolles Unternehmenskapital und wird mit großer Sorgfalt gepflegt. Das handwerkliche Niveau ist nicht nur ein Zeichen für Exzellenz, sondern auch ein Schlüsselfaktor der Markenkonsistenz. Die Reputation von Hermès gründet auf Produkten, die luxuriös sind, über alle Zeiten hinweg Bestand haben und den Kunden einen greifbaren, dauerhaften Wert bieten.

Die Liebe zum Detail zeigt sich in jeder Naht, in detaillierter Perfektion und Harmonie der Proportionen. Im Gegensatz zu vielen Marken, die auf auffällige Logos setzen, bevorzugt Hermès ein diskretes Design, dessen Luxus sich in den Materialien, den klaren Linien und der ihnen eigenen Qualität zeigt. Dank dieses zeitlosen Stils bleiben Hermès-Accessoires über Jahrzehnte hinweg aktuell.

Hermès-Produkte sind für ihre schlichte Eleganz bekannt. Diese resultiert aus einer sorgfältig durchdachten Gestaltung, die den praktischen Nutzen und die Ergonomie ins Zentrum stellt, jedoch immer mit klar definierter Harmonie. Diese Form und Funktion vereinende Designphilosophie zieht sich durch alle Produktkategorien und verleiht der Marke ihren unverwechselbaren Charakter.

Handwerkliche Fertigung und höchste Qualität erfordern Zeit, und Hermès hat „Geduld" zu einem seiner strategischen Prinzipien erklärt. Kunden und Kundinnen können nicht erwarten, ein Geschäft zu betreten und es mit einer *Birkin* oder *Kelly* wieder zu verlassen. Vielmehr müssen sie eine Bestellung aufgeben und einige Monate auf ihr Wunschobjekt warten.

„Manche Ökonomen sehen, dass diese Strategie zum Kauf von ‚Trostprodukten' wie Geldbörsen, Gürteln und anderen Accessoires anregt", kommentiert Vicenti.

Qualität und Einzigartigkeit sind die Werte, über die sich das Unternehmen im Luxussektor positioniert und die seine Vertriebsstrategie stärken. Hermès hat stets auf selektiven Vertrieb gesetzt, die Verfügbarkeit seiner Produkte begrenzt und die Vertriebskanäle streng kontrolliert. Das erhält der Marke nicht nur ihre Exklusivität, sondern stellt auch sicher, dass jedes Geschäft ihre Qualitätsstandards und Markenidentität wahrt. Das Einkaufserlebnis in einer Hermès-Boutique ist bis ins kleinste Detail durchdacht und spiegelt die Eleganz und die Tradition der Marke wider.

Darüber hinaus führt Hermès häufig Produkte in „limitierter Auflage" ein, die das Interesse der Fans steigern.

Auch die Finanzstrategie stärkt die Kohärenz des Unternehmens: Hermès hat stets in seiner Aktionärsstruktur und als Familienunternehmen auf seine Unabhängigkeit geachtet. Auf diese Weise ist es in der Lage, alle Aktivitäten zu kontrollieren und seiner langfristigen strategischen Ausrichtung unterzuordnen.

Symbole und Narrative

Die Ikonografie von Hermès und seine emblematischen dekorativen Motive sind berühmt. Oft von der Welt des Reitsports, der Kunst und der Natur inspiriert, werden sie konsequent auf viele Produktkategorien angewendet, von Seidentüchern bis hin zu Taschendetails mit oft deutlichen Anspielungen. Das 1837 als Sattlerei gegründete Haus begann mit der Herstellung von Pferdegeschirr, Sätteln und Reitausrüstung. Diese Verbindung zum Reitsport hat das Hermès-Design als wiederkehrendes, unverwechselbares Thema geprägt. Elemente wie Zügel, Steigbügel, Schnallen, Sättel und sogar Futterbeutel und Taschen für den Transport von Stiefeln wurden zu Symbolen, die an die Ursprünge der Marke erinnern und bis heute viele ihrer Produkte prägen.

Die Verschlüsse zahlreicher Hermès-Taschen wie der *Kelly* oder der *Birkin* sind direkt von Pferdegeschirr inspiriert. Die Metalldetails sind nicht nur stilvoll, sondern evozieren auch die Robustheit und Funktionalität von Reitzubehör. Steigbügel werden zu dekorativen Elementen, etwa bei der Tasche *Steeple,* deren runde Griffe an Reiteraccessoires erinnern, oder bei der *Picotin,* die die Form eines Futterbeutels aufgreift, oder bei der *Évelyne,* die ursprünglich für Reitzubehör konzipiert war. Der Touret-Verschluss an ikonischen Taschen wie der *Birkin* ist den Mechanismen an Sattelgurten entlehnt. Dieses Element ist nicht nur funktional, sondern symbolisiert auch Sicherheit und Robustheit. Hermès verwendet heraldische Motive, die mit seinem Logo und seiner Historie verbunden sind, in den Stoffen und den Details der Taschen. Bedeutend sind auch die Themen aus der nautischen Welt. Das von einem Bootsanker inspirierte Motiv *Chaîne d'Ancre* wurde in den 1930er Jahren eingeführt und wird seither in vielen Hermès-Produkten neu interpretiert.

Über das Dekorative hinausgehend spiegeln diese Themen auch die historische und kulturelle Tiefe der Marke und schaffen eine einzigartige visuelle Identität.

Die Integration historischer Symbole in das Produktdesign hebt die Marke auf dem globalen Luxusmarkt hervor. Dies ist nicht nur ein dekoratives, sondern auch ein narratives Verfahren. Jedes Detail erzählt eine Geschichte: über die Vergangenheit des Handwerks, über die Gegenwart des Luxus und über die Zukunft der Innovation.

Ästhetische Kohärenz

Hermès hat eine Ästhetik von hohem Wiedererkennungswert entwickelt, die sich durch elegantes Design, klare Linien und die Farbe Orange als Markenzeichen auszeichnet. Diese visuelle Identität prägt auch die Verpackung und die Produktpräsentation.

„Wir fragen uns, ob das Logo in manchen Kontexten veraltet sein könnte", so Vicenti, „dabei ist es der Hüter aller Botschaften der Marke."

Das Logo von Hermès, *Le Duc Attelé* – eine Kutsche mit einem Pferd, dem ein Edelmann gegenübersteht – spiegelt die historischen Wurzeln des Hauses und seine Tradition handwerklicher Exzellenz wider. Es erweist nicht nur dem Ursprung der Marke als Sattlerei Reverenz, sondern evoziert auch eine raffinierte aristokratische Welt, in der Luxus mit dem Leben zu Pferd und Reisen in der Kutsche verbunden war. Der Mann vor dem Pferd kann auch als Kutscher interpretiert werden, eine Anspielung an den Service und die Liebe zum Detail, die das Unternehmen seit jeher pflegt.

Le Duc Attelé ist heute ein globales Prestige-Emblem, weit mehr als ein Markenzeichen das Symbol einer Epoche und einer Tradition, die im Hermès-Universum weiterlebt. Es vereint Vergangenheit und Gegenwart im Zeichen von Handwerkskunst und Luxus.

Der Kommunikationsstil muss mit den Werten und der Persönlichkeit des Unternehmens übereinstimmen. Die Übereinstimmung mit der Markenidentität ist für eine authentische und glaubwürdige Kommunikation unerlässlich.

„Die Kommunikation von Hermès zeichnet sich durch schlichte Eleganz und eine Erzählweise aus, die die Geschichte und das Erbe der Marke pflegt. Die Werbekampagnen von Hermès beruhen auf einer eindrucksvollen Erzählung, und ihre Themen greifen oft auf seine Geschichte zurück, wie beispielsweise die Kampagnen *Flâneur Forever, Leather Forever, J'aime mon Carré, Seek the Orange.* Das führt zu einer kohärenten und unverwechselbaren Medienpräsenz, die das Image der Marke als Synonym für diskreten und raffinierten Luxus stärkt.

„Denken wir an die legendären Schaufenster, die Produkte wie in dreidimensionalen Gemälden präsentieren, sodass man vor ihnen stehen bleibt, um sie zu bewundern. Sie erzählen eine Geschichte, in der das Produkt eine Hauptrolle spielt, und sind eine sehr starke visuelle Plattform für die Präsentation des exquisiten Stils und des handwerklichen Erbes der Marke", erklärt Vicenti.

Zwischen Erbe und Innovation

Hermès kehrt regelmäßig zu seinen Wurzeln zurück, wenn es Inspiration für die Entwicklung und Einführung neuer Produkte braucht, und nutzt die Vergangenheit als unerschöpflichen Fundus kreativer Ideen. Das Erbe der Marke ist eines der stärksten Unterscheidungsmerkmale ihrer Identität.

„Jedes Modeunternehmen besitzt in seiner Historie ein großes Erbe, die für es selbst von großem Wert ist, da sie die Unternehmensgeschichte erzählt, und auch für die Welt bedeutsam ist, da Mode über die Entwicklung der Stile etwas über die Gesellschaft aussagt. Das Erbe eines Modeunternehmens umfasst nicht nur die produzierte Kleidung, sondern alles, was im Laufe der Zeit rund um das Image der Marke entstand. Es ist also eine reichhaltige Sammlung von audiovisuellen Materialien, Texten, aber auch kreativen Prozessen und Recherchen, die zur Realisierung der Kollektionen, ihrer Vermarktung und Verbreitung geführt haben. Jeder Kreativdirektor muss bei seiner Arbeit diese Vergangenheit berücksichtigen, im Bewusstsein, dass auch seine Arbeit darin eingehen wird", führt Vicenti weiter aus.

Wenn das Erbe als ein gegenwärtiger Prozess betrachtet wird, der die Identität, die sozialen und kulturellen Werte und ihre Bedeutungen aushandelt, erschafft und umgestaltet, dann muss dieser Prozess zukunftsgerichtet sein und bildet die Grundlage dafür, dass die Vergangenheit dynamisch in die Gegenwart übergeht.

Ein weiterer entscheidender Aspekt der Markenkonsistenz von Hermès ist seine Fähigkeit zur Innovation bei Bewahrung seiner Tradition. Hermès vermag zwischen Respekt vor der Tradition und Offenheit für Innovation die Waage zu halten. Dies zeigt sich in den kreativen Kooperationen und den neuen Produkten, die zwar moderne Elemente einführen, aber der Qualität und der Handwerkskunst treu bleiben. Ein Beispiel für diese Synergie ist die Hermès-Uhrenkollektion, die traditionelle Eleganz mit modernster Technik vereint und den unverwechselbaren Stil der Marke wahrt.

Die Beständigkeit der Marke Hermès resultiert aus der harmonischen Integration von Tradition, handwerklicher Qualität, visueller Ästhetik und Innovation.

Authentizität bedeutet, den Verbrauchern ein Narrativ zu präsentieren, das die Werte der Marke widerspiegelt, sich selbst treu zu bleiben, die eigenen Werte konsequent zu pflegen und transparent zu sein. Die Authentizität der Marke besteht darin, dass sie Vertrauen schafft, eine enge Bindung zu seinen Kundinnen und Kunden pflegt und echte Beziehungen fördert. Das ist Hermès perfekt gelungen.

ANMERKUNGEN

Hermès – nicht modisch, aber immer modern

[1] *Giacomo Leopardi (1798–1837), „Dialogo della Moda e della Morte" in* Operette Morali, *Mondadori, Mailand 2017. In den* Operette Morali *imaginiert Leopardi einen Dialog zwischen zwei allegorischen Figuren: der Mode und dem Tod. Die Mode, personifiziert als leichtlebige, frivole Figur, symbolisiert die menschliche Tendenz, sich dem Vergänglichen und Oberflächlichen zuzuwenden. Der Tod hingegen übt tiefgründige Kritik an der Mode, da sie die Aufmerksamkeit des Menschen von den wesentlichen Fragen des Lebens ablenkt.*

[2] *Roland Barthes,* Die Sprache der Mode, *Suhrkamp, 12. Aufl., 2023.*

[3] *Federico Rocca,* Hermès – L'avventura del lusso, *Lindau, Turin, 2011.*

[4] *Georg Simmel, „Zur Psychologie der Mode", in* Die Zeit. Wiener Wochenschrift für Politik, Volkswirtschaft, Wissenschaft und Kunst, *5. Band 1895, Nr. 54 (12.10.1895), S. 22-24 .*

[5] *Leibenstein, H. Bandwagon,* Snob, and Veblen Effects in the Theory of Consumers' Demand. The Quarterly Journal of Economics, *Vol. 64, No. 2, 1950.*

[6] *Suleman Anaya,* The Humanity of Hermès, *https://www.businessoffashion.com/articles/news-analysis/humanity-hermes/, 2014.*

Die Historie

[1] *Anfang 2024 lag der Nettogewinn von Hermès bei 2,4 Milliarden Euro, was einem deutlichen Wachstum gegenüber dem Vorjahreszeitraum entspricht. Dieser starke Anstieg des Nettogewinns bezeugt die Stärke und den Erfolg der Marke auf dem Luxusmarkt. (Quelle: Hermès Finance).*

[2] *Die sechzehn Handwerke von Hermès – Métiers genannt – sind: Leder- und Sattlerwaren, Seidentücher und -schals für Damen, Seidentücher und -schals für Herren, Damenkonfektion, Herrenkonfektion, Schuhe, Gürtel, Hüte, Handschuhe, Schmuck, Uhren, Parfüms, Kosmetik, Einrichtung und Dekor, Tischkultur und Petit H.*

[3] *Pierre Sommet,* Sur les Traces de Thierry Hermès: Une Histoire Franco-Allemande Par Excellence, *Editions Complicités, Paris, 2023, S. 4.*

[4 und 5] *Pierre Sommet,* Sur les traces de Thierry Hermès: Une histoire franco-allemande par excellence, *Editions Complicités, Paris, 2023.*

[6] *Während des Zweiten Kaiserreichs (1852–1870) ließ der Kaiser mit seiner Frau Eugénie den Glanz von Versailles wieder aufleben und festigte seine Herrschaft durch zahlreiche Feste. Das Pariser Leben drehte sich um die großen Bälle bei Hofe, die Unterhaltung für die obere Mittelschicht und die vielen Aufführungen in den Theatern der Stadt.*

[7] *Charles-Émile hatte sich Ende des 19. Jahrhunderts zurückgezogen,seine Söhne Adolphe und Émile-Maurice hatten das Unternehmen 1902 in Hermès Frerès umbenannt. Adolphe, der Mehrheitsaktionär war, verkaufte seine Anteile nur wenige Jahre später an seinen Bruder. Er starb 1933.*

[8] *Eine Werbeanzeige aus dem Jahr 1929 zeigt den Koffer* Bradka, *der für den Transport der Schuhe der eleganten Dame konzipiert war. Man konnte ihn an der Schlafzimmerwand oder am Kleiderschrank aufhängen, sodass die Schuhe bei jedem Kleiderwechsel griffbereit waren.*

[9] *Während des Krieges beschäftigte Hermès sogar seine Arbeiter weiter.*

[10] *Das Hermès-Magazin erschien erstmals 1973, in Deutschland unter dem Titel* Die Welt von Hermès. *Zwei Jahre später erschien* Le Monde d'Hermès *in Frankreich. Derzeit erscheint* Le Monde d'Hermès *in zehn Sprachen und wird weltweit verbreitet.*

[11] *Bergère arbeitete von 1977 bis 1980 für Hermès.*

[12] *Darunter wurde der Klappsessel* Pippa *aus Holz und Leder international bekannt und sogar in Museumssammlungen aufgenommen.*

[13] *Rena Dumas (1937-2009) war eine französisch-amerikanische Architektin und Innenarchitektin, die für ihren eklektischen und innovativen Stil bekannt war. In Frankreich geboren, gründete sie in Paris das berühmte Designstudio Rena Dumas Architecture Intérieure. Sie war die Ehefrau von Jean-Louis Dumas.*

[14] *Martin Margiela, Gründer des Modehauses Martin Margiela, verkörperte die Avantgarde: Dekonstruktion, Neuinterpretation ästhetischer Kanons und die Verwendung ungewöhnlicher Materialien prägten seinen Stil.*

[15] *Trotz scheinbarer Einfachheit offenbarte jede Kollektion eine subtile Komplexität: Die Schnitte passten sich dem Körper perfekt an, die Stoffe waren von feinster Qualität, jede Naht bezeugte handwerkliche Liebe zum Detail. Margiela gelang ein fast „spiritueller" Luxus, weit entfernt von Prunk und nah an der Idee der „Bekleidung als zweite Haut". Seine Stücke sollten eher erlebt als nur getragen werden.*

[16] *Gaultiers Stilmerkmale waren Korsetts, ethnische Drucke, sexy Matrosen und Zusammenarbeit mit Stars aus der internationalen Popszene.*

[17] *Während seiner Zeit bei Hermès schuf Gaultier Kollektionen, die die Geschichte des Modehauses prägten, indem er Klassiker wie den Trenchcoat und den Anzug neu erfand. Die symbolträchtigsten Stücke aus dieser Zeit waren der dekonstruierte Trenchcoat aus Leder, der französische Eleganz mit einer kühnen, dynamischeren Attitüde verband. Gaultier führte auch subtil Bondage-Elemente ein, spielte mit Schnallen, Gürteln und Schnürungen und verlieh der Damenmode von Hermès eine unerwartet verführerische Note.*

[18] *Neben der* Birkin *25 wurden auch andere Modelle zu Kultobjekten und bei Sammlern sehr begehrt, darunter die* JPG Birkin Shoulder, *die* Kelly Pochette, *die* Medor Clutch, *die* Lindy *und sogar die* Kelly Cut, Danse *und* Picnic. *Unabhängig vom Stil gelang es ihm, dem Luxus verspielte Leichtigkeit zu geben.*

[19] *„Jedes meiner Projekte beginnt mit Recherchen über das Land, die Stadt und die Straße, in der das Gebäude stehen soll, und endet mit einer richtiggehenden Reise durch das Gebäude. Besondere Aufmerksamkeit gilt einem grundlegenden Element: dem Licht", erklärte Rena Dumas ihre Herangehensweise an ihre Arbeit. Nach ihrem Tod im Jahr 2009 wurden andere bedeutende Architekten für Hermès tätig.*

[20] *Für Puech und die anderen Hermès-Erben war klar: Arnault wollte erobern. Schließlich hatte er sich durch seine aggressiven Übernahmen historischer Marken den Spitznamen „Wolf in Kaschmir" verdient. Für die Hermès-Eigentümer der 5. und 6. Generation wäre es schlimm genug gewesen, ihr Imperium an einen Konkurrenten zu verlieren – aber an eine Gruppe, die sie als übertrieben protzig empfanden und deren Geschäft nur auf Marketing basierte, empfanden sie als „abstoßend", wie Thomas damals sagte, als er CEO von Hermès war. (Fashion Network, 12. Dezember 2023).*

[21] *Hermès „spielt in einer eigenen Liga", sagte der Analyst Thomas Chauvet von Citigroup Inc. einmal, nachdem das Unternehmen im dritten Quartal selbst in China ein rasantes Wachstum verzeichnet hatte. Die Liebe zum Handwerk, ein feines Verständnis von Exklusivität und die Verknappung seiner Produkte – ob real oder gesteuert – sind alles Elemente, die in eine Strategie einfließen, die sich als erfolgreich erwiesen hat. (Fashion Network, 12. Dezember 2023).*

Die Seidentücher

[1] *Der 1907 in Deutschland geborene Grygkar entstammte einer tschechischen Familie, die 1914 nach Frankreich zog. Nach seinem Studium an der Académie des Beaux-Arts in Paris frequentierte er die Residenz La Ruche in der rue de Dantzig im 15. Arrondissement, wo die Künstler des Montparnasse sich trafen, lebten und ausstellten.*

[2] *Ledoux kam 1903 in Sheffield (England) als Sohn französischer Eltern zur Welt. 1915 kehrte seine Familie nach Frankreich zurück. Seine Mutter Marie Villaret, erfahrene Aquarellmalerin und Illustratorin von Kinderbüchern, erkannte und förderte sein künstlerisches Talent schon in jungen Jahren. Ledoux studierte an den Akademien für Malerei und Zeichnung in Paris, 1947 stellte ihn Dumas als Designer für Hermès ein. Nach seinem Tod im Jahr 1975 bei einem Motorradunfall wurden seine letzten beiden Seidenschals,* La Marine (a Rames) *und* Les Trois Mousquetaires *von seinem Neffen Vladimir Rybaltchenko fertiggestellt. Auch nach seinem Tod produzierte Hermès noch zahlreiche von Ledoux entworfene Seidentücher.*

[3] *Sie war 45 Jahre lang für Hermès tätig und signierte ihre Werke zunächst einfach mit „Caty", später mit „Latham".*

[4] *Nach einer Tätigkeit als freier Designer arbeitete Pesce ab 2005 für Hermès.*

[5] *Das seit 1985 bestehende Ardmore zählt zu den charakteristischsten Künstlerkollektiven der afrikanischen Kunstszene.*

[6] *Josef Albers (1888-1976) war ein berühmter Maler, Lithograph, Farbtheoretiker, Autor, Lehrer und Künstler mit der längsten Anstellung am Bauhaus (1920-1933).*

[7] *Im Jahr 2000 eröffnete Buren* La Verrière *in Brüssel, einen Ausstellungsraum für zeitgenössische Kunst. Sechs Jahre später bat das Modehaus ihn, einen neuen Verkaufsraum zu eröffnen. So schuf er für den Hermès-Standort in Dosan Park, Seoul, die ortsspezifische Installation* Filtres Colorés.

[8] *Für die Übertragung der Fotografien auf Seide nutzt Hermès die Technik des Tintenstrahldrucks. Im Vergleich zum traditionellen Siebdruck ermöglicht diese Methode den Einsatz einer unendlichen Anzahl von Farben.*

[9] *Die erste Kooperation zwischen Hermès und Hiroshi Sugimoto fand 2003 im Kontext der Ausstellung* L'histoire de l'histoire *im Forum der Hermès-Boutique in Tokio Ginza statt. In seinem Schaffensprozess erforscht Hiroshi Sugimoto kontinuierlich die Ressourcen des jahrhundertealten Know-hows und stellt damit einen erfindungsreichen Dialog zwischen der Geschichte, einer bestimmten Tradition, einem Verfahren und einem zeitgenössischen Ausdruck her.*

[10] *Le Parc wurde 1928 in Mendoza (Argentinien) geboren, er lebt und arbeitet in Cachan (Frankreich). Als führender Vertreter der geometrischen und kinetischen Kunst in den 1960er Jahren war Le Parc Gründungsmitglied der GRAV (Groupe de Recherche d'Art Visuel, 1960-1968). In seinen Werken untersucht er Bewegung, Licht, Optik und die Beziehung zwischen Kunstwerk und Betrachter.*

[11] *Lella Scalia,* A beautiful square. Interview mit Bali Barret, *Vogue Italien, 30. Juli 2020. https://www.vogue.it/moda/article/un-quadrato-di-bellezza-intervista-bali-barret-carre-hermes*

[12] *Das klassische Seidenstuch misst 90 x 90 cm, ein weiteres Format ist 70 x 70 cm, das Gavroche misst 45 x 45 cm, die Bandana 55 x 55 cm und das große Format 140 x 140 cm. Die Twilly-Schals messen 5 x 86 cm oder 5 x 165 cm, einige auch 7 x 89 cm. (Hermès-Website, abgerufen im November 2024)*

[13] *Das Double Carré ist beidseitig bedruckt, inspiriert von den leichten, faltbaren und auf Seide gedruckten Landkarten der Fallschirmspringer im Zweiten Weltkrieg.*

Die Handtaschen

[1] *Sigmund Freud,* Simbolismo nel sogno *in* Introduzione alla psicoanalisi, *Editore Boringhieri, Torino, 1978, p. 142. (deutsch „Die Symbolik im Traum" in* Vorlesungen zur Einführung in die Psychoanalyse, Zweiter Teil. *Hugo Heller und Cie., Wien 1916)*

[2] *Philippe Dumas,* Musée Hermès – Carnet de Croquis de Pilippe Dumas illustrant le theme: La vie à l'air libre, *Actes Sud, Arles, 2014 [I ed. 1990], S. 14-15. Dieses Skizzenbuch zum Thema Leben im Freien enthält Darstellungen von Kutschen, Zaumzeug, Sätteln, Stiefeln, Gehstockgriffen und Taschen.*

[3] *Philippe Dumas,* Musée Hermès – La route dans la collection H. par Philippe Dumas, *Actes Sud, Arles, 2014 [1. Aufl. 1995], S. 14-15.*

[4] *Philippe Dumas,* Carnet de Voyage – Regard sur L'Exotisme du Museé Hermès, *Actes Sud, Arles, 2014 [1. Aufl. 1988], S. 6-7.*

[5] *Elisabetta Chiodini,* 'Dettagli di Moda ossia "Nonnulla Eleganti"', *in* Dettagli di Moda – Gli anni Venti e Trenta nella Collezione Mangiameli, *Umberto Allemandi, Turin, 2010, S. 21*

[6] *Dieses Tasche hieß ursprünglich* Bugatti *als Hommage an die Zusammenarbeit zwischen dem Autobauer und dem Modehaus. Später wurde es in* Bolide *umbenannt.*

[7] *Gegen Ende der 1970er Jahre benannte Hermès die Tasche offiziell in* Kelly *um.*

[8] *Vanessa Walt,* Your Guide to the Top 10 Hermès Bags, *Webseite von Sotheby's.*

[9] *Mit den Akronymen „PM" und „TPM" bezeichnet Hermès einige Taschen- und Accessoiregrößen. „PM" steht für* Petit Modèle *(kleines Modell), „TPM" für* Tres Petit Modèle *(sehr kleines Modell). Dies sind generell die kleinsten Versionen eines Modells und für jene gedacht, die leichtere Taschen bevorzugen, ohne dabei auf Stil und Funktionalität verzichten zu müssen.*

[10] *Einzelanfertigungen, sogenannte HSS-Taschen, sind auf der Innenseite mit einem Hufeisenstempel links neben dem Hermès-Stempel versehen. Das kleine Emblem steigert den Wert einer Tasche erheblich. Die Maßanfertigung wird ausschließlich einem kleinen Kreis hochrangiger Sammler angeboten. Ihre Fertigung dauert in der Regel sechs Monate, manche Sammler nehmen sogar bis zu drei Jahre Wartezeit in Kauf.*

Der Schmuck

[1] *Im Jahr 1927 nutzte Hermès auf Bitten der Schneiderin Callot seine exquisiten Hundehalsbänder mit quadratischen Nieten und baumelnden Ringen für die Hundeleine als Inspirationsquelle für einen Gürtel.*

[2] *Der Erfolg dieser emaillierten Armreifen legte den Grundstein für nachfolgende Kreationen wie das berühmte Clic H, das im Jahr 2000 eingeführt wurde.*

[3] *Puiforcat wurde 1820 von Emile und Joseph-Marie Puiforcat in Paris als Silberschmiede. Im späten 19. Jahrhundert gewann das Unternehmen dank Louis Victor Puiforcat die oberen Gesellschaftsschichten, zu denen auch der europäische Adel und königliche Familien gehörten, als Käufer. Für seine hochrangige Kundschaft stellte der Juwelier Silberwaren im Stil Ludwigs XV. und des Regency-Stils her.*
Die internationale Anerkennung der Marke erfolgte unter Jean Puiforcat, der 1920 Silberschmiedemeister wurde. Er lebte in einer Zeit grenzenloser kultureller und künstlerischer Inspiration: Dieser Kontext und enge Freundschaften zu dem Architekten und Designer René Herbst sowie zu Le Corbusier brachten ihn dazu, einen revolutionären formalen Stil ezu ntwickeln, eine persönliche Ausdrucksform, deren klare, einfache Linien und Zweckmäßigkeit dem Art déco ähneln.

[4] *Der französische Designer Pierre Hardy ist für innovative und mutige Modekreationen bekannt, insbesondere von Schuhen und Luxusaccessoires. Hardy wurde 1956 in Paris geboren und studierte Bildende Kunst. Ein besonderes Interesse für bildende Kunst und Architektur sollte seinen Stil stark beeinflussen. In den 1980er Jahren stieg Hardy als Zeitschriftenillustrator in die Modewelt ein und arbeitete anschließend für bedeutende Modehäuser. Derzeit ist er Leiter der Abteilung für Schuhe und Schmuck bei Hermès.*

[5] *1999 gründete Hardy die nach ihm benannte Marke für Schuhe und Accessoires. Seine Kollektionen spiegeln seine Begeisterung für zeitgenössische Kunst und die Lust am Experimentieren.*

[6] *Pierre Hardy https://www.hermes.com/us/en/content/187456-artisans-of-enlightenment/*

[7] *Vivienne Becker, Ten Meets Pierre Hardy, Hermes's Jewellery Extraordinaire https://10magazine.com/ten-meets-pierre-hardy-hermess-jewellery-extraordinaire/*

[8] *Serena Tibaldi, Pierre Hardy: Designer del Lusso tra Arte e Astrazione, https://www.repubblica.it/moda-e-beauty/d/2023/09/19/news/pierre_hardy_designer_gioielli_hermes-413612525/*

Experten

[1] *In der Natur gibt es das Ähnlichkeitsprinzip, dem zufolge „Gleiches durch Gleiches geheilt wird".*

BILDNACHWEISE

Der Abdruck folgender Bilder erfolgt mit freundlicher Genehmigung von CHRISTIE'S IMAGES LTD. 2024: S. 134, 155, 172, 179, 181, 182, 183, 184, 187, 192 rechts, 194, 195, 211, 212, 213

Der Abdruck folgender Bilder erfolgt mit freundlicher Genehmigung von Faraone Casa d'aste:
S. 39, 57, 72, 74, 75, 76, 77, 78, 79, 80, 81, 82, 83, 85, 88, 89, 90, 91, 92, 94, 95, 96, 97, 105, 130, 131, 132, 133, 136, 137, 140, 143, 150-151, 154, 156 unten, 158, 159, 160, 161, 162, 166 oben, 185

Der Abdruck folgender Bilder erfolgt mit freundlicher Genehmigung von Sotheby's:
S. 84, 86-87, 98, 99, 100, 104, 106, 107, 108, 110-111, 128, 135, 141, 145, 166 unten, 176, 180, 188, 192 links, 200, 203, 217, 218, 219

S. 5 Fortgens Photography/Shutterstock.com
S. 7 Hprints
S. 10-11, 208-209 imageBROKER.com GmbH & Co. KG/Alamy Foto Stock
S. 12 horst friedrichs/Alamy Foto Stock
S. 15 Photo Josse/Bridgeman Images
S. 16 Leonard de Selva/Bridgeman Images
S. 18 Look and Learn/Bridgeman Images
S. 20 Henri Manuel/Wikimedia
S. 23 Hprints
S. 24 JJs/Alamy Foto Stock
S. 26 Hprints
S. 27 Everett Collection/Bridgeman Images
S. 29 Hprints
S. 30 Targa56/Shutterstock.com
S. 31 Hprints
S. 33 Pierre Simon/SIAE/ Hprints
S. 34-35 Hprints
S. 37 Atelier Thierry Bruet/ Hprints
S. 38 Christie's Images/Bridgeman Images
S. 41 WWD/Getty Images
S. 42 Directphoto Collection/Alamy Foto Stock
S. 43 Mike Daines/Shutterstock.com
S. 44, 45 Penske Media/Getty Images
S. 46, 47 Penske Media/Getty Images
S. 48 Abaca Press/Alamy Foto Stock
S. 49, 52 Pierre Verdy/AFP/Getty Images
S. 50, 53 Abaca Press/Alamy Foto Stock
S. 51 dpa picture alliance archive/Alamy Foto Stock
S. 55 Maria S./Alamy Foto Stock
S. 58–59 Privatsammlung
S. 60 Privatsammlung
S. 61 Privatsammlung
S. 63 Privatsammlung /Collection Gregoire/Bridgeman Images
S. 64 National Museum of American Illustration & American Illustrators Gallery/Bridgeman Images
S. 65 Mary Evans/Scala
S. 66 Bettmann/Getty Images
S. 67 WWD/Getty Images
S. 68 Edward Quinn/edwardquinn.com
S. 69 Privatsammlung
S. 70 Privatsammlung
S. 71 Privatsammlung
S. 73 Privatsammlung
S. 102 Grzegorz Czapski/Alamy Foto Stock
S. 103 Privatsammlung
S. 112 Serge Mouraret/Alamy Foto Stock
S. 113 Imago/Alamy Foto Stock
S. 114-115 Andia/Alamy Foto Stock
S. 116 CTK/Alamy Foto Stock
S. 117 Sergio Gaudenti/Sygma/Getty Images
S. 118 Privatsammlung
S. 119 Simon Cowling/Alamy Foto Stock
S. 120 f8 archive/Alamy Foto Stock
S. 122-123 Retro AdArchives/Alamy Foto Stock
S. 125 Christie's Images/Bridgeman Images
S. 126 Hprints
S. 127 Privatsammlung
S. 129 AGIP/Bridgeman Images
S. 138 Christie's Images/Bridgeman Images
S. 139 Universal Images Group North America LLC/DeAgostini/ Alamy Foto Stock
S. 142 Privatsammlung
S. 144 Privatsammlung
S. 146 Trinity Mirror/Mirrorpix/Alamy Foto Stock
S. 147 Christie's Images/Bridgeman Images
S. 148 Christie's Images/Bridgeman Images
S. 149 Grzegorz Czapski/Alamy Foto Stock
S. 152 Christie's Images/Bridgeman Images
S. 153 Christie's Images/Bridgeman Images
S. 156 oben Privatsammlung
S. 164 Privatsammlung
S. 165 Privatsammlung
S. 167 Privatsammlung
S. 168, 169 Privatsammlung
S. 170 Abaca Press Alamy Foto S tock
S. 173 Privatsammlung
S.174 Pixelformula/Sipa/Shutterstock.com
S.175 Goddard New Era/Alamy Foto Stock
S. 178 Abaca Press/Alamy Foto Stock
S. 186 Privatsammlung
S. 191 Hprints
S. 193 oben Hprints
S. 193 unten Privatsammlung
S. 196 Soare Cecilia Corina/Alamy Foto Stock
S. 198 Retro AdArchives/Alamy Foto Stock
S. 201 Grzegorz Czapski/Alamy Foto Stock
S. 205 Grzegorz Czapski/Alamy Foto Stock
S. 207 Privatsammlung
S. 223 mit freundlicher Genehmigung von Joost de Wert
S. 224 mit freundlicher Genehmigung des Interviewpartners
S. 229 mit freundlicher Genehmigung des Interviewpartners

BIBLIOGRAPHIE

BÜCHER

Robert Anderson, *Fifty Bags That Changed the World: Design Museum*, Conran Octopus, 2011

Marco Barel, *I fondamenti del brand. Come le grandi aziende progettano e sviluppano identità eccellenti e autorevoli*, GBR Design, 2019

Roland Barthes, *Die Sprache der Mode*, Suhrkamp, 12. Aufl, 2023

David Bennett, Daniela Mascetti, *Understanding Jewellery*, Antique Collectors' Club Ltd., Woodbridge, Suffolk (UK), 1989

Romano Cappellari, *Marketing della moda e dei prodotti lifestyle*, Carrocci Editore, Rom, 2016

Mara Cappelletti, *Un quadrilatero d'oro*, in *Stile Milano*, Ausstellungskatalog, Nexo, Mailand, 2020

Mara Cappelletti (Hrsg.), *Gioielli di Gusto*, Ausstellungskatalog, Nexo, Mailand, 2015

Luc Chabrin, *Hermes: Straight from the Horse's Mouth*, Abrams Books, NY, 2023

Elisabetta Chiodini, *Dettagli di Moda ossia "Nonnulla Eleganti"* in *Dettagli di Moda – Gli anni Venti e Trenta nella collezione Mangiameli*, Umberto Allemandi, Turin, 2010

Elio Carmi, *Brand 111. Centoundici domande e risposte per sapere di più sulla brand e sul suo futuro*, Fausto Lupetti Editore, 2020

Caroline Cox, *Bags: An Illustrated History*, Aurum, 2007

Andrea Da Venezia, *Digital marketing del lusso. Comunicare e vendere il lusso attraverso il Web, le app e i social network*, Edizioni Lswr, Mailand, 2016

Amy De la Haye, Tobin Shelley, *Chanel the couturière at work*, Victoria & Albert Museum Press, London, 1975

Carlo De Sio, *Come creare un Brand, oggi: Corso intuitivo di Brand management*, 2017

Philippe Dumas, *Carnet de Voyage – Regard sur L'Exotisme du Museé Hermès*, Actes Sud, Arles, 2014 [1. Aufl. 1988]

Philippe Dumas, *Musée Hermès – Carnet de Croquis de Pilippe Dumas illustrant le theme: La vie à l'air libre*, Actes Sud, Arles, 2014 [1. Aufl. 1990]

Philippe Dumas, *Musée Hermès – La route dans la collection H. par Philippe Dumas*, Actes Sud, Arles, 2014 [1. Aufl. 1995]

Laia Farran Graves, *Story of the Hermes Scarf*, Welbeck Publishing Group Ltd, London, 2023

Deanna Farneti Cera, *I gioielli della fantasia. Ornamenti del XX secolo nell'arte, nel costume, nella moda*, Idea Books, Mailand 1991

Sigmund Freud, *„Die Symbolik im Traum" in* Vorlesungen zur Einführung in die Psychoanalyse, Zweiter Teil. *Hugo Heller und Cie., Wien 1916*

Sophie Gachet (Autorin), Ines de La Fressange (Vorwort), *The Handbag Book: 400 Designer Bags That Changed Fashion*, Harry N Abrams Inc, 2024

Eugenio Gallavotti, *I racconti delle borse: Lessico illustrato dalla Birkin allo Zaino*, Franco Angeli Edizioni, 2023

Sofia Gnoli, *Moda: dalla nascita della haute couture ad oggi*, Carocci, Rom 2012

Gaetano Grizzanti, *Brand identikit. Trasformare un marchio in una marca*, Fausto Lupetti Editore, 2020.

Megan Hess, *The Bag*, Hardie Grant Books, Sydney, 2023

Karen Homer, *Little Book of Hermès: The Story of the Iconic Fashion House*, Welbeck Publishing Group Ltd, London, 2022

Paola Jacobbi, *Pazze per le borse! Perché alle donne non bastano le tasche*, Sperling & Kupfer, Mailand, 2005

Alison James, Hermès: *The Fashion Icons*, Sona Books, Solihull (UK), 2024

Anna Johnson, *Handbags: 900 Bags to Die For*, Workman Pub Co, New York, 2002

Carl Gustav Jung, *Die Archetypen und das kollektive Unbewusste*, Patmos, Ostfildern, 2023 (10. Aufl.)

Immanuel Kant, *Anthropologie in pragmatischer Hinsicht*, Hansebooks, Norderstedt, 2016 (Nachdr. der Ausg. von 1880)

Jean-Noël Kapferer, *Kapferer on luxury: how luxury brands can grow yet remain rare*, Kogan-Page, London, 2015

James Laver, *Costume and Fashion a concise history*, Thames & Hudson, 5. Aufl., London, 2012

Giacomo Leopardi, „Dialogo della Moda e della Morte" in *Operette Morali*, Mondadori Oscar Classici, Mailand 2017

Suzanne Lussier, *Art Déco Fashion*, V&A Publication, London, 2003

Thierry Paquot, *Elogio del lusso. Ovvero l'utilità dell'inutile*, Alberto Castelvecchi Editore, Rom, 2007

Claire Phillips, *Jewellery From Antiquity to the Present*, Thames & Hudson Ltd. , 2. Aufl., London, 2004

Sylvie Raulet, *Art Deco Jewelry*, Rizzoli International Publications, Inc., New York, 1989

Arthur Rimbaud, *Une saison en enfer/Eine Zeit in der Hölle*, französisch/deutsch, Reclam, Ditzingen, 2021

Federico Rocca, *Hermès – L'avventura del lusso*, Lindau, Turin 2011

Emanuela Scarpellini, *L'Italia dei consumi. Dalla Belle Époque al nuovo millennio*, Editori Laterza, Rom-Bari 2008

Georg Simmel, „Psychologie des Schmuckes", in *Der Morgen. Wochenschrift für deutsche Kultur, 2. Jg., No. 15 vom 10. April 1908, S. 454–459, Berlin*

Georg Simmel, „Die Mode" in *Philosophische Kultur. Gesammelte Essais, Leipzig 1911, S. 29–64*

Pierre Sommet, *Sur les traces de Thierry Hermès: Une histoire franco-allemande par excellence*, Editions Complicités, Paris 2023

Lars Fr. H. Svendsen, *Filosofia della moda*, Guanda Mailand, 2006

Dana Thomas, *Deluxe. Come i grandi marchi hanno spento il lusso*, De Agostini, Novara, 2010

Richard Thompson Ford, *Dress code. Come la moda dà forma alla storia*, Il Saggiatore, Mailand, 2023

Thorstein Veblen, *Die Theorie der privilegierten Klasse*, tredition Stuttgart, 2024

Julia Werner, Sandra Semburg, F*or the Love of Bags*, Te Neues Pub Group, 2022

Claire Wilcox, *Bags: (V&A Fashion Accessories Series)*, Victoria & Albert Publications, London, 1999

Stefano Zecchi, *Il lusso. Eterno desiderio di voluttà e bellezza*, Mondadori, Mailand, 2015

Harvey Leibenstein, *Bandwagon, Snob. and Veblen Effects in the Theory of Consumers' Demand* in The Quarterly Journal of Economics, Vol. 64, No. 2, Oxford University Press, 1950.

Govers Pascalle, Jan PL Schoormans, "Product personality and its influence on consumer preference" in *Journal of Consumer Marketing*, 2005

Govers Pascalle, Paul Hekkert und Jan PL Schoormans, "Happy, cute and tough, Can designers create a product personality that consumers understand?" in *Design and Emotion*, 2003

Klaus-Peter Wiedmann, Nadine Hennings, Astrid Siebels, "What is the value of luxury?" in *Psychology & Marketing*, 2012

ARTIKEL

Suleman Anaya, *The Humanity of Hermès*, https://www.businessoffashion.com/articles/news-analysis/humanity-hermes/

Vivienne Becker, *Ten Meets Pierre Hardy, Hermes's Jewellery Extraordinaire*, https://10magazine.com/ten-meets-pierre-hardy-hermess-jewellery-extraordinaire/

Christie's, *What every collector needs to know about Hermès handbags*, https://www.christies.com/en/stories/hermes-handbags-collecting-guide-e7f2b17272e144c98136ee3946005b8d

Pierre Hardy https://www.hermes.com/it/it/content/187496-artigiano-di-luci/

Serena Tibaldi, *Pierre Hardy: designer del lusso tra arte e astrazione*, https://www.repubblica.it/moda-e-beauty/d/2023/09/19/news/pierre_hardy_designer_gioielli_hermes-413612525/

Vanessa Walt, *Your Guide to the Top 10 Hermès Bags*, https://www.sothebys.com/en/articles/your-guide-to-the-top-10-hermes-bags

Lindsey Weiss, *Top Five Most Popular Hermès Leather*, https://www.sothebys.com/en/articles/top-five-most-popular-hermes-leather

Lindsey Weiss, *The Many Shades of Hermès Pink*, https://www.sothebys.com/en/articles/the-many-shades-of-hermes-pink

MARA CAPPELLETTI

Mara Cappelletti stammt aus Mailand. Sie studierte Fremdsprachen und Literatur an der IULM-Universität in Mailand sowie Schmuckgeschichte und Orientalische Kunstgeschichte am Sotheby's Institute of Art in London.

Mara Cappelletti ist freiberufliche Journalistin und Autorin mehrerer Bücher über Schmuck, ethnischen Schmuck und Uhren, die bei verschiedenen Verlagen, darunter 24 *Ore Cultura, Nexo, ACC Art Books* und *White Star,* erschienen.

Cappelletti konzipiert und kuratiert Ausstellungen über Schmuck und Mode und führt wissenschaftliche Recherchen für Kataloge durch, darunter *Gioielli di Gusto e Stile Milano – Storie di eleganza* („Schmuck im Mailänder Geschmack und Stil – Geschichten der Eleganz") des Museums Palazzo Morando.

Sie ist Präsidentin der Vereinigung Associazione Culturale Stile e Storia, die das historische Erbe erforscht und pflegt und die Beziehung zwischen Kunst, Mode und Schmuck als kulturellen Bestandteil einer Epoche erforscht.

Seit 2019 ist Mara Cappelletti als außerordentliche Professorin für Schmuckgeschichte an der Universität Mailand im Rahmen des Masterstudiengangs „Verlagswesen, Kultur der Kommunikation und der Mode" tätig.

Darüber hinaus hält sie Vorträge und veranstaltet Workshops in Museen, Kulturvereinen und Kunstgalerien.